Facturación Electrónica

ICB Editores (Interconsulting Bureau S.L.)
C/ Flauta Mágica, 1 local 1B
P.I. Alameda 29006 – Málaga. España
Tfno: (+34) 952 28 87 67
info@icbeditores.com
www.icbeditores.com

Facturación Electrónica

Coordinadora de la obra: María Dolores Pérez Rodríguez
Licenciada en Pedagogía por la Universidad de Málaga

1ª edición, 09/2024

ISBN: 978-84-10261-89-1

Impreso en España - *Printed in Spain*

Código: MAIC005113

C.20230330104138 - M.20240503134823

ÍNDICE

ICB
EDITORES

MÓDULO

1. Fundamentos de la Facturación Electrónica

Contenido del Módulo

ICB
EDITORES

UNIDAD

1.1. Conceptos Básicos de la Factura Electrónica

Contenido de la Unidad

1. ¿Qué es la facturación electrónica?

La facturación electrónica es un método que permite la emisión, transmisión, almacenamiento y recepción de facturas o documentos equivalentes a través de medios electrónicos y digitales. Este proceso sustituye a las tradicionales facturas impresas, ofreciendo una alternativa más eficiente, ecológica y segura para las transacciones comerciales.

Este sistema de facturación se basa en la utilización de formatos digitales estandarizados que permiten la interoperabilidad entre diferentes sistemas informáticos, facilitando así el intercambio de información entre emisor y receptor, independientemente del software que utilicen. La facturación electrónica no solo comprende el documento electrónico en sí, sino también el proceso completo que garantiza su validez legal, incluyendo la firma electrónica, el archivo digital y las normativas específicas que regulan su uso en cada país o región

Una de las principales ventajas de la facturación electrónica es su contribución a la optimización de los procesos administrativos y contables, permitiendo a las empresas y organismos una mayor eficiencia en la gestión de sus operaciones. Además, este sistema promueve la transparencia fiscal y la lucha contra el fraude, ya que facilita las labores de auditoría y control por parte de las autoridades competentes.

En el contexto de la sostenibilidad y el respeto al medio ambiente, la facturación electrónica reduce significativamente el uso de papel, contribuyendo así a la conservación de los recursos naturales y a la disminución de la huella de carbono asociada a la producción y gestión de documentos físicos.

Para las empresas y los profesionales, adoptar la facturación electrónica significa no solo cumplir con las regulaciones vigentes en muchos países, sino también avanzar hacia la digitalización y modernización de sus operaciones, mejorando su competitividad en el mercado global.

2. ¿Cómo se garantiza la autenticidad del emisor y la integridad del contenido?

Para asegurar la autenticidad del emisor y la integridad del contenido en la facturación electrónica, se utilizan diversas tecnologías y procedimientos que confirman que el documento proviene de la fuente declarada y que su contenido no ha sido alterado durante la transmisión o el almacenamiento.

Estos mecanismos son fundamentales para mantener la confianza en las transacciones electrónicas y asegurar la validez legal de las facturas electrónicas.

- Firma electrónica: Uno de los métodos más efectivos para garantizar tanto la autenticidad del emisor como la integridad del contenido es la firma electrónica. Esta puede ser una firma digital basada en certificados digitales emitidos por una autoridad certificadora reconocida. La firma digital no solo verifica la identidad del emisor, sino que también asegura que el contenido de la factura no ha sido modificado desde el momento de su firma, ya que cualquier alteración invalidaría la firma.
- Certificados digitales: Los certificados digitales son documentos electrónicos que vinculan la identidad de una persona o entidad con una clave pública. Estos certificados son emitidos por entidades de confianza, conocidas como Autoridades de Certificación (AC), y permiten a los receptores de la factura verificar la identidad del emisor y asegurar que la clave pública utilizada para la firma digital pertenece realmente al emisor.

- Protocolos de seguridad: La transmisión de facturas electrónicas se realiza a menudo a través de protocolos seguros de comunicación como SSL/TLS, que cifran la información durante su envío por Internet, protegiendo los datos contra interceptaciones y garantizando que solo el destinatario previsto pueda acceder a la información de la factura.

- Sistemas de control y auditoría: Adicionalmente, las plataformas de facturación electrónica suelen incorporar sistemas de control y auditoría que registran todas las operaciones realizadas con las facturas electrónicas, incluyendo su emisión, recepción, almacenamiento y acceso. Estos registros facilitan la verificación de la autenticidad e integridad de las facturas en cualquier momento.

- Cumplimiento de estándares y regulaciones: El cumplimiento de estándares internacionales y regulaciones locales en materia de facturación electrónica también juega un papel crucial en la garantía de la autenticidad y la integridad de las facturas. Estas regulaciones establecen los requisitos técnicos y legales que deben cumplir las facturas electrónicas, incluyendo aspectos relacionados con la firma electrónica, los certificados digitales y los protocolos de seguridad.

Resumen

- La facturación electrónica es un método digital que reemplaza las facturas impresas, permitiendo la emisión, transmisión, almacenamiento y recepción de facturas de forma electrónica.
- Utiliza formatos estandarizados para asegurar la interoperabilidad entre distintos sistemas, y su validez legal se mantiene a través de la firma electrónica, el archivo digital y el cumplimiento de normativas específicas.
- Este sistema mejora la eficiencia administrativa, promueve la transparencia fiscal, reduce el uso de papel y es clave para la digitalización empresarial.
- La autenticidad del emisor y la integridad del contenido se garantizan mediante firmas electrónicas, certificados digitales, protocolos de seguridad y el cumplimiento de estándares y regulaciones.

UNIDAD

1.2. Utilización de la Factura Electrónica

Contenido de la Unidad

- Elementos sobre la factura electrónica
- Resumen

1. Elementos sobre la factura electrónica

La factura electrónica, al igual que su contraparte en papel, debe contener una serie de elementos esenciales que aseguran su validez legal y su funcionalidad en el contexto comercial y fiscal. Estos elementos son cruciales para que la factura cumpla con las regulaciones aplicables y sea aceptada por todas las partes involucradas en la transacción, así como por las autoridades tributarias.

A continuación, se detallan los componentes fundamentales de una factura electrónica:

1. Identificación del emisor: Incluye datos completos del proveedor o vendedor que emite la factura, como el nombre o razón social, dirección fiscal, y el número de identificación fiscal (NIF, CIF, etc.), que permiten su identificación inequívoca.

2. Identificación del receptor: Contiene información detallada del cliente o comprador, incluyendo el nombre o razón social, dirección y número de identificación fiscal, asegurando que la factura esté correctamente dirigida.

3. Número de factura: Se trata de una secuencia única y correlativa que identifica la factura de manera unívoca dentro de la serie de facturación del emisor, lo que es fundamental para la gestión contable y fiscal.

4. Fecha de emisión y, si es diferente, la fecha de la operación: La fecha en la que se emite la factura y, en ocasiones, la fecha en la que se realizó la operación comercial o se prestó el servicio, si esta es distinta a la de emisión.

5. Descripción de los bienes o servicios: Un listado detallado de los productos o servicios proporcionados, incluyendo descripciones que permitan su identificación clara, cantidades, precios unitarios y cualquier descuento o rebaja aplicable.

6. Base imponible, impuestos aplicados y retenciones: Detalle de la base imponible sobre la cual se calculan los impuestos, el tipo impositivo aplicado (como el IVA, IGIC, etc.), el importe total de los impuestos, y cualquier retención o recargo.

7. Total de la factura: La suma total que el receptor de la factura debe pagar, incluyendo el precio neto de los bienes o servicios, más los impuestos aplicados, menos cualquier descuento, bonificación o retención.

8. Firma electrónica: La firma electrónica del emisor, que garantiza la autenticidad de su origen y la integridad de su contenido.

9. Otros datos: Dependiendo de la legislación específica de cada país o región, pueden requerirse elementos adicionales, como códigos de barras o QR, referencias a pedidos o contratos, datos de la operación de comercio exterior, entre otros.

10. Metadatos: Aunque no son visibles en el documento como tal, los metadatos asociados a la factura electrónica incluyen información sobre la emisión, transmisión y almacenamiento del documento, y son esenciales para su trazabilidad y gestión electrónica.

Es importante destacar que la factura electrónica debe cumplir con las regulaciones específicas de cada país o región, las cuales pueden variar en cuanto a los requisitos de contenido y formato. Por ello, es crucial que las empresas se informen y adapten a las normativas locales para asegurar la validez legal y fiscal de sus facturas electrónicas.

Resumen

- La factura electrónica, al igual que la versión en papel, debe incluir elementos esenciales para su validez legal y funcionalidad comercial y fiscal.
- Estos componentes aseguran que la factura cumpla con las regulaciones aplicables y sea aceptada por las partes involucradas y las autoridades tributarias.
- Los elementos fundamentales incluyen la identificación completa del emisor y del receptor, un número de factura único y correlativo, las fechas de emisión y de la operación (si son distintas), una descripción detallada de los bienes o servicios proporcionados, la base imponible, los impuestos aplicados y retenciones, el total a pagar, y la firma electrónica del emisor.
- Además, pueden requerirse otros datos específicos según la legislación de cada país o región, así como metadatos asociados para la trazabilidad y gestión electrónica de la factura.
- Es crucial que las empresas se informen sobre y se adapten a las normativas locales para garantizar la validez de sus facturas electrónicas.

ICB
EDITORES

MÓDULO

2. Obligaciones Legales y Regulatorias

Contenido del Módulo

2.1. Obligaciones Legales de los Expedidores de Factura Electrónica

2.2. Obligaciones Legales de los Receptores de Factura Electrónica

2.3. Aspecto Privado y Público de las Facturas Electrónicas

2.4. Normativa

UNIDAD

2.1. Obligaciones Legales de los Expedidores de Factura Electrónica

Contenido de la Unidad

- Requisitos
- Condicionantes para la realización de e-factura
- Certificados adecuados para la facturación electrónica
- El Emisor
- El Receptor
- Obligaciones de la e-factura para el emisor ó expedidor
- Resumen

ICB
EDITORES

1. Requisitos

Para que una factura electrónica sea válida y cumpla su función dentro del marco legal y comercial, debe satisfacer una serie de requisitos específicos. Estos requisitos garantizan que la factura electrónica sea aceptada por las autoridades tributarias, así como por los clientes y proveedores dentro del proceso de transacciones comerciales. Los requisitos pueden variar dependiendo de la legislación de cada país o región, pero generalmente incluyen aspectos técnicos, legales y de contenido.

1.1. Requisitos Técnicos

- Formato Estándar: La factura debe estar en un formato electrónico estandarizado que permita su lectura e interpretación por diferentes sistemas. Formatos comunes incluyen XML, PDF con capacidades de lectura electrónica, UBL, entre otros.

- Firma Electrónica: Debe estar firmada electrónicamente mediante una firma digital basada en un certificado reconocido, para garantizar la autenticidad del emisor y la integridad de su contenido.

- Sistema de Intercambio: Capacidad para ser transmitida y recibida a través de sistemas electrónicos, ya sea mediante correo electrónico, plataformas de intercambio de factura electrónica, o sistemas EDI (Intercambio Electrónico de Datos).

1.2. Requisitos Legales

- Cumplimiento Normativo: Adherencia a las regulaciones y normativas fiscales vigentes en la jurisdicción donde se emite y recibe la factura, incluyendo los requisitos específicos de cada país para la facturación electrónica.

- Conservación Electrónica: Las facturas electrónicas deben conservarse en formato electrónico por el período que exija la ley, manteniendo su accesibilidad, legibilidad e integridad.

- Autorización de Uso: En algunos países, las empresas deben recibir autorización previa de las autoridades fiscales para emitir facturas electrónicas.

1.3. Requisitos de Contenido

- Datos Obligatorios: Incluir todos los elementos de contenido obligatorios, como identificación del emisor y receptor, número de factura, fecha de emisión, descripción detallada de los bienes o servicios, base imponible, tasa de impuesto, total a pagar, y cualquier otro dato exigido por la normativa aplicable.

- Secuencialidad: Mantener una secuencia numérica correlativa específica para las facturas electrónicas, sin interrupciones o duplicaciones.

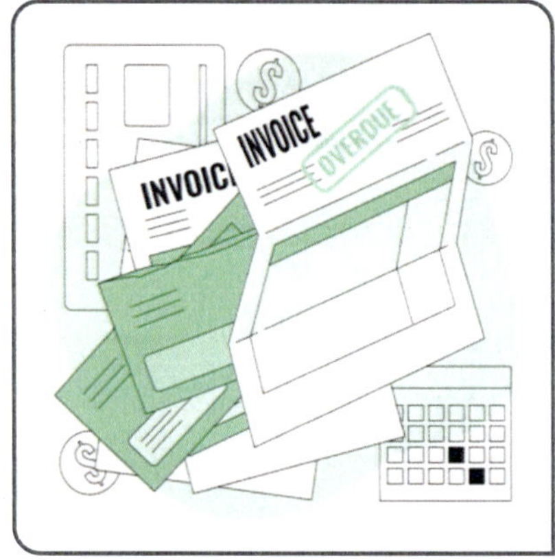

- Claridad y Legibilidad: Asegurar que la información contenida en la factura sea clara, legible y comprensible para todas las partes involucradas.

  Requisitos Adicionales

- Interoperabilidad: Capacidad para ser procesada en diferentes sistemas informáticos, facilitando el intercambio entre diversas entidades y software.

- Seguridad y Privacidad: Implementación de medidas de seguridad adecuadas para proteger la información sensible contenida en las facturas contra el acceso no autorizado, la alteración o la pérdida.

Es crucial que las organizaciones que adoptan la facturación electrónica se aseguren de cumplir con todos estos requisitos para evitar problemas legales, fiscales o comerciales. Además, mantenerse actualizado con respecto a las modificaciones en la legislación y las prácticas tecnológicas es esencial para garantizar la continuidad y la eficacia de la facturación electrónica en el tiempo.

2. CONDICIONANTES PARA LA REALIZACIÓN DE E-FACTURA

La implementación y uso efectivo de la factura electrónica (e-factura) dentro de una organización o entre entidades comerciales depende de varios condicionantes que deben ser considerados para asegurar su éxito y conformidad legal.

Estos condicionantes abarcan aspectos tecnológicos, legales, operativos y organizacionales que influyen directamente en la capacidad de una empresa para realizar e-facturas de manera eficiente y conforme a las regulaciones.

2.1. Condicionantes Tecnológicos

- Infraestructura Tecnológica: Disponer de la infraestructura tecnológica adecuada es fundamental, incluyendo hardware, software y conectividad a Internet, para generar, enviar, recibir y almacenar facturas electrónicas.
- Compatibilidad de Sistemas: Los sistemas de facturación electrónica deben ser compatibles con los estándares y formatos aceptados a nivel nacional e internacional, asegurando la interoperabilidad entre diferentes plataformas y software.
- Seguridad Informática: Implementar medidas de seguridad robustas para proteger la información contenida en las facturas electrónicas contra accesos no autorizados, alteraciones o pérdidas, es crucial. Esto incluye cifrado de datos, firmas digitales, y protocolos seguros de transmisión.

2.2. Condicionantes Legales y Regulatorios

- Cumplimiento Legal: Asegurar el cumplimiento con la legislación local e internacional en materia de facturación electrónica, incluyendo las normativas específicas sobre firma digital, almacenamiento de documentos y procesos de auditoría.
- Autorización por Parte de Autoridades Fiscales: En algunos países, las empresas deben obtener autorización previa de las autoridades fiscales para poder emitir y utilizar facturas electrónicas.
- Adhesión a Estándares: Cumplir con los estándares establecidos por las autoridades competentes en cuanto a formatos, metadatos y procesos de verificación de las e-facturas.

2.3. Condicionantes Operativos

- Capacitación del Personal: El personal debe estar adecuadamente capacitado en el uso de sistemas de facturación electrónica, incluyendo la generación, envío, recepción y gestión de e-facturas.
- Procesos de Negocio: Los procesos de negocio deben ser adaptados o rediseñados para integrar la facturación electrónica de manera eficaz, asegurando que se mantengan o mejoren los niveles de eficiencia operativa.

2.4. Condicionantes Organizacionales

- Cambio Organizacional: La implementación de la facturación electrónica puede requerir cambios en la estructura organizacional, en los flujos de trabajo y en la cultura empresarial, promoviendo la digitalización y la automatización de procesos.

- Gestión del Cambio: Es necesario gestionar el cambio de manera efectiva para asegurar la aceptación y el compromiso por parte de todos los miembros de la organización, así como de los socios comerciales.

2.5. Condicionantes de Mercado

- Aceptación del Mercado: La adopción generalizada de la facturación electrónica por parte de clientes, proveedores y socios comerciales es crucial para su implementación exitosa.

- Competencia y Estándares de Industria: Mantenerse al día con las prácticas de la industria y los estándares competitivos en relación con la facturación electrónica para garantizar la compatibilidad y la eficiencia en las transacciones comerciales.

La atención a estos condicionantes es esencial para cualquier entidad que busque implementar o mejorar su sistema de facturación electrónica, asegurando que la transición sea fluida, que se cumplan las regulaciones aplicables y que se maximicen los beneficios operativos y financieros de la digitalización de las facturas.

3. CERTIFICADOS ADECUADOS PARA LA FACTURACIÓN ELECTRÓNICA

La facturación electrónica requiere de certificados digitales específicos para garantizar la autenticidad del emisor y la integridad de las facturas. Estos certificados son emitidos por Autoridades de Certificación (AC) reconocidas y proporcionan un mecanismo seguro para la firma digital de documentos electrónicos. La elección del certificado adecuado depende de varios factores, incluyendo los requisitos legales y técnicos de la jurisdicción en la que opera la empresa y las necesidades específicas del negocio.

3.1. Tipos de Certificados

- Certificados de Firma Digital: Son los más comunes para la facturación electrónica. Validan la identidad del emisor y aseguran que los datos de la factura no han sido alterados después de su emisión.
- Certificados de Sello Electrónico de Empresa: Proporcionan una garantía de la identidad de la entidad empresarial que emite la factura, diferenciándose de los certificados de firma digital personales. Son útiles para las organizaciones que necesitan asegurar que las facturas se emiten en nombre de la empresa y no de un individuo.
- Certificados de Autenticación de Sitio Web: Aunque no se utilizan directamente para firmar facturas electrónicas, pueden ser relevantes para los sistemas de facturación electrónica que operan a través de plataformas en línea, asegurando la conexión segura y la autenticidad del sitio web.

3.2. Requisitos para los Certificados

- Reconocimiento por las Autoridades Locales: El certificado debe ser emitido por una Autoridad de Certificación que esté reconocida y autorizada por las autoridades locales o nacionales, cumpliendo con los estándares y regulaciones locales.
- Nivel de Seguridad: El certificado debe ofrecer un nivel adecuado de seguridad, generalmente garantizado por claves criptográficas de alta resistencia y protocolos de seguridad robustos.
- Compatibilidad: Debe ser compatible con los sistemas de facturación electrónica utilizados por la empresa y por sus socios comerciales, así como con los estándares de la industria.

3.3. Consideraciones al Elegir un Certificado

- Validez y Renovación: Considerar el período de validez del certificado y los procedimientos para su renovación, asegurando una transición sin interrupciones en la facturación electrónica.
- Soporte y Asistencia Técnica: Evaluar el nivel de soporte y asistencia técnica ofrecido por la Autoridad de Certificación, especialmente en casos de problemas técnicos o cuestiones de seguridad.

- Costo: Analizar los costos asociados con la adquisición, implementación y mantenimiento del certificado, equilibrando entre seguridad, funcionalidad y costo-efectividad.

3.4. Implementación

La implementación de certificados adecuados para la facturación electrónica debe ir acompañada de una adecuada gestión de estos, asegurando que se almacenen de forma segura, que solo las personas autorizadas tengan acceso a ellos y que se realicen copias de seguridad regularmente. Además, es fundamental educar al personal sobre la importancia de la seguridad de los certificados y las mejores prácticas para su manejo.

4. El Emisor

En el contexto de la facturación electrónica, los términos "emisor" y "receptor" se refieren a las partes involucradas en la transacción comercial que se documenta a través de la factura electrónica. La claridad de roles y responsabilidades de cada uno es crucial para la correcta emisión, recepción, gestión y almacenamiento de las facturas electrónicas, así como para el cumplimiento de las obligaciones fiscales y legales.

El emisor de la factura electrónica es la parte que provee los bienes o servicios y, por tanto, genera y envía la factura electrónica al receptor. El emisor puede ser una empresa, un profesional autónomo, o cualquier entidad legal que realice actividades comerciales sujetas a facturación. Las responsabilidades principales del emisor incluyen:

- Generación de la Factura: Crear la factura electrónica cumpliendo con todos los requisitos legales y técnicos, incluyendo la información obligatoria como la identificación del emisor, datos del receptor, descripción de los bienes o servicios, base imponible, impuestos, total, etc.
- Firma Digital: Firmar la factura electrónicamente para garantizar su autenticidad e integridad. Esto se realiza mediante un certificado digital válido y reconocido.
- Envío: Transmitir la factura al receptor utilizando medios electrónicos seguros, asegurando que el receptor pueda acceder y procesar la factura correctamente.
- Almacenamiento: Conservar una copia de la factura electrónica por el período exigido por la legislación aplicable, manteniendo su accesibilidad y legibilidad para fines de auditoría y control fiscal.

5. El Receptor

El receptor es la parte que recibe los bienes o servicios y, en consecuencia, la factura electrónica emitida por el emisor. El receptor también puede ser una empresa, un autónomo, o cualquier otra entidad que participe en transacciones comerciales. Las responsabilidades del receptor incluyen:

- Recepción: Asegurar la recepción adecuada de la factura electrónica, utilizando los sistemas y tecnologías apropiados para acceder a la información.
- Verificación: Verificar la autenticidad del emisor y la integridad del contenido de la factura, utilizando la firma digital y los certificados asociados.
- Aceptación o Rechazo: Dependiendo de la verificación y la conciliación con los bienes o servicios recibidos, el receptor debe aceptar la factura y proceder con el pago, o rechazarla si encuentra discrepancias, siguiendo los procedimientos establecidos para tal efecto.
- Almacenamiento: Al igual que el emisor, el receptor debe almacenar la factura electrónica por el tiempo estipulado por la ley, asegurando su disponibilidad para auditorías o revisiones fiscales.

5.1. Interacción entre Emisor y Receptor

La interacción efectiva entre el emisor y el receptor es fundamental para el proceso de facturación electrónica. Esto incluye no solo el intercambio de facturas electrónicas, sino también la comunicación clara y oportuna sobre cualquier problema, discrepancia o requerimiento relacionado con las facturas. Además, tanto el emisor como el receptor deben asegurarse de que sus sistemas de TI sean compatibles y estén actualizados para facilitar la transmisión, recepción y procesamiento sin problemas de las facturas electrónicas.

Tanto el emisor como el receptor juegan roles críticos en el proceso de facturación electrónica, y su cooperación y cumplimiento de responsabilidades son esenciales para la eficiencia, la transparencia y el cumplimiento legal de las transacciones comerciales.

6. Obligaciones de la e-factura para el emisor ó expedidor

El emisor o expedidor de una factura electrónica, que es la parte que proporciona los bienes o servicios y emite la factura correspondiente, tiene una serie de obligaciones críticas para garantizar la validez legal, la conformidad fiscal y la eficiencia operativa del proceso de facturación electrónica.

Estas obligaciones son esenciales para mantener la integridad de las transacciones comerciales y cumplir con las regulaciones aplicables.

6.1. Generación de la Factura

- Cumplimiento de Requisitos: Asegurar que la factura electrónica cumpla con todos los requisitos legales y técnicos establecidos por la legislación local e internacional aplicable, incluyendo el formato, los datos obligatorios y los estándares de codificación.
- Información Completa y Precisa: Incluir toda la información necesaria de manera completa y precisa, como la identificación del emisor, los datos del receptor, la descripción detallada de los bienes o servicios, los precios, los impuestos aplicables y el total a pagar.

6.2. Firma Digital

- Autenticación: Firmar digitalmente la factura electrónica utilizando un certificado digital válido y reconocido para garantizar la autenticidad del emisor y la integridad del contenido de la factura.
- Gestión de Certificados: Mantener la seguridad y la validez de los certificados digitales, renovándolos antes de su expiración y protegiéndolos contra el uso no autorizado.

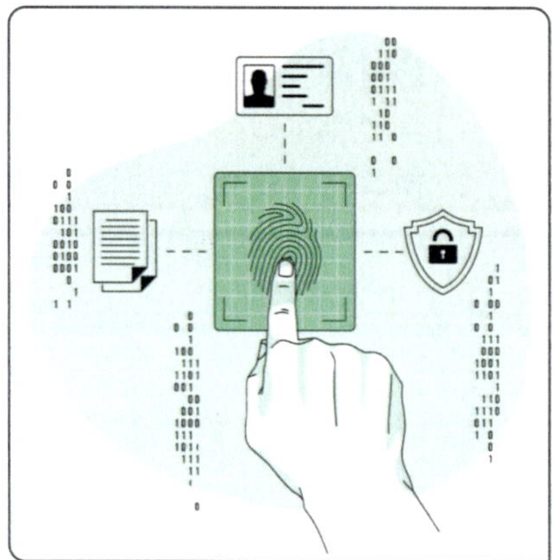

6.3. Envío y Entrega

- Transmisión Segura: Enviar la factura electrónica al receptor mediante canales de comunicación electrónica seguros, garantizando que la transmisión proteja la confidencialidad y la integridad de los datos.
- Confirmación de Recepción: Obtener una confirmación de la recepción de la factura por parte del receptor, asegurando que ha llegado correctamente y puede ser procesada.

6.4. Almacenamiento y Conservación

- Resguardo Seguro: Almacenar copias de las facturas electrónicas emitidas en un formato que garantice su accesibilidad, integridad y legibilidad durante el período exigido por la legislación, que generalmente abarca varios años.
- Protección contra Alteraciones: Implementar medidas de seguridad para proteger las facturas almacenadas contra alteraciones, pérdidas o daños, incluyendo soluciones de respaldo y recuperación ante desastres.

6.5. Cumplimiento Fiscal y Contable

- Reporte a Autoridades: Cumplir con los requisitos de reporte y presentación de facturas electrónicas ante las autoridades fiscales, según las regulaciones locales.

- Integración Contable: Asegurar que las facturas electrónicas se integren adecuadamente en los sistemas contables y financieros de la empresa, facilitando la auditoría y el cumplimiento fiscal.

6.6. Atención a Discrepancias y Auditorías

- Gestión de Discrepancias: Establecer procedimientos para la gestión y resolución de discrepancias relacionadas con las facturas electrónicas, ya sea por errores, diferencias en los bienes o servicios facturados, o problemas con la transmisión.

- Cooperación en Auditorías: Facilitar la revisión de las facturas electrónicas por parte de auditores internos o externos y autoridades fiscales, proporcionando acceso a las facturas y a los registros relacionados.

El cumplimiento de estas obligaciones por parte del emisor o expedidor es fundamental para asegurar la eficacia y la legalidad del proceso de facturación electrónica, contribuyendo a la transparencia, la eficiencia operativa y la confianza en las relaciones comerciales.

Resumen

- En el ámbito de la facturación electrónica, el "emisor" y el "receptor" desempeñan roles fundamentales, cada uno con responsabilidades específicas que aseguran la validez y eficacia de las transacciones comerciales documentadas mediante facturas electrónicas. Estas responsabilidades son esenciales para garantizar el cumplimiento de las obligaciones fiscales y legales, así como para facilitar una gestión eficiente y transparente de las operaciones comerciales.

- El Emisor: El emisor de la factura electrónica es la entidad que proporciona los bienes o servicios y, en consecuencia, genera y envía la factura electrónica al receptor. Este puede ser una empresa, un autónomo o cualquier entidad que realice actividades comerciales. Las responsabilidades clave del emisor incluyen:

  - Generación de la Factura: Crear la factura electrónica asegurando que cumpla con los requisitos legales y técnicos necesarios, incorporando todos los datos obligatorios como la identificación del emisor y del receptor, descripción de los bienes o servicios, y detalles fiscales relevantes.

  - Firma Digital: Firmar la factura electrónicamente utilizando un certificado digital reconocido para confirmar la autenticidad del emisor y la integridad del contenido de la factura.

  - Envío Seguro: Transmitir la factura al receptor por medios electrónicos que garanticen la seguridad y la correcta recepción de la misma.

  - Almacenamiento Adecuado: Mantener una copia de la factura electrónica almacenada de manera segura por el periodo requerido por la ley, facilitando su acceso para auditorías o revisiones fiscales.

- El Receptor: El receptor es la entidad que recibe los bienes o servicios y, por ende, la factura electrónica emitida por el emisor. Sus responsabilidades abarcan:

  - Recepción Apropiada: Asegurar la correcta recepción de la factura electrónica y su accesibilidad mediante sistemas tecnológicos adecuados.

- ⇨ Verificación y Validación: Confirmar la autenticidad del emisor y la integridad de la factura mediante la verificación de la firma digital y los certificados asociados.
- ⇨ Aceptación y Procesamiento: Tras verificar la factura y conciliarla con los bienes o servicios recibidos, el receptor debe aceptarla y proceder al pago, o bien rechazarla en caso de discrepancias, siguiendo los procedimientos establecidos.
- ⇨ Almacenamiento Conforme a la Ley: Conservar la factura electrónica durante el tiempo estipulado por la legislación, garantizando su disponibilidad para posibles auditorías o controles fiscales.

- ♦ Interacción entre Emisor y Receptor. La eficiencia del proceso de facturación electrónica depende de una interacción efectiva entre emisor y receptor, lo que incluye el intercambio fluido de facturas electrónicas y una comunicación clara sobre cualquier asunto relacionado con las mismas. La compatibilidad y actualización de los sistemas de TI son fundamentales para un intercambio sin inconvenientes.
- ♦ Obligaciones del Emisor. El emisor tiene la obligación de asegurar que la factura electrónica se genere, firme, envíe y almacene siguiendo los estándares y regulaciones aplicables. Esto incluye el mantenimiento de la seguridad de los certificados digitales, la transmisión segura de la factura, su conservación adecuada para auditorías futuras y el cumplimiento con las obligaciones fiscales y contables relacionadas.
- ♦ La atención cuidadosa a estos roles y responsabilidades por parte de ambos, el emisor y el receptor, es crucial para garantizar la validez legal, la transparencia y la eficacia operativa de las facturas electrónicas, facilitando así el cumplimiento fiscal y la gestión eficiente de las transacciones comerciales en el entorno digital.

UNIDAD

2.2. Obligaciones Legales de los Receptores de Factura Electrónica

Contenido de la Unidad

ICB
EDITORES

1. OBLIGACIONES DE LA E-FACTURA PARA EL RECEPTOR Ó DESTINATARIO

El receptor o destinatario de una factura electrónica, quien recibe los bienes o servicios y la correspondiente factura emitida por el proveedor, tiene también un conjunto de obligaciones esenciales para la correcta gestión y conformidad legal de las transacciones documentadas mediante facturas electrónicas.

Estas obligaciones son fundamentales para asegurar el cumplimiento fiscal, la integridad de las transacciones y la eficiencia en los procesos de pago y contabilidad.

- Recepción y Verificación
    - Confirmación de Recepción: Asegurar la recepción adecuada de la factura electrónica, confirmando al emisor que la factura ha sido recibida correctamente.
    - Verificación de la Factura: Verificar la autenticidad del emisor y la integridad del contenido de la factura electrónica, utilizando los mecanismos de firma digital y certificados asociados. Esto incluye confirmar que la factura no ha sido alterada desde su emisión.
- Revisión de Contenido
    - Conciliación: Revisar y conciliar el contenido de la factura electrónica con los registros de pedido, recepción de bienes o servicios y acuerdos contractuales, para asegurar la precisión de los cargos y las condiciones pactadas.
    - Gestión de Discrepancias: Identificar y comunicar al emisor cualquier discrepancia, error o problema con la factura en un plazo razonable, siguiendo los procedimientos establecidos para la resolución de estos asuntos.

- Almacenamiento y Conservación
  - ⇨ Almacenamiento Seguro: Conservar las facturas electrónicas recibidas en un formato que garantice su accesibilidad, integridad y legibilidad durante el período exigido por la legislación aplicable, que puede variar según el país o región.
  - ⇨ Protección de los Datos: Implementar medidas de seguridad adecuadas para proteger las facturas electrónicas almacenadas contra alteraciones no autorizadas, pérdidas o daños, incluyendo sistemas de respaldo y recuperación de datos.
- Cumplimiento Fiscal y Contable
  - ⇨ Registro Contable: Registrar las facturas electrónicas en los sistemas contables de manera oportuna y precisa, asegurando que las transacciones se reflejen adecuadamente en la contabilidad y los informes financieros.
  - ⇨ Reporte a Autoridades: Cumplir con las obligaciones de reporte fiscal que puedan aplicarse en relación con las facturas electrónicas recibidas, como la declaración y pago de impuestos basados en las transacciones documentadas.
- Cooperación en Auditorías
  - ⇨ Facilitación de Auditorías: Proporcionar acceso a las facturas electrónicas y a los registros relacionados a auditores internos o externos y autoridades fiscales, cuando sea necesario, para facilitar las revisiones y auditorías fiscales y contables.
- Actualización Tecnológica y Normativa
  - ⇨ Mantenimiento de la Capacidad Técnica: Mantener la capacidad técnica para recibir, procesar y almacenar facturas electrónicas, lo cual incluye mantener actualizados los sistemas informáticos y de software.

- ⇨ Adherencia a Cambios Normativos: Mantenerse informado y adaptarse a los cambios en la legislación y las normativas relacionadas con la facturación electrónica, para asegurar un cumplimiento continuo.

Las obligaciones del receptor o destinatario de la factura electrónica son fundamentales para el mantenimiento de la integridad y transparencia de las transacciones comerciales y financieras, así como para el cumplimiento de las responsabilidades fiscales y legales. Una gestión adecuada de estas obligaciones contribuye a relaciones comerciales sólidas y a la eficiencia en los procesos de pago y auditoría.

2. Ventajas e inconvenientes

La facturación electrónica ofrece numerosas ventajas en comparación con la facturación tradicional en papel, aunque también presenta ciertos inconvenientes que las empresas deben considerar.

A continuación, se detallan los principales beneficios y desafíos asociados con la implementación y el uso de la facturación electrónica.

- ♦ Ventajas de la Facturación Electrónica
  - ⇨ Eficiencia Operativa: La automatización del proceso de facturación reduce significativamente el tiempo y los recursos necesarios para generar, enviar y procesar facturas, mejorando la eficiencia operativa.
  - ⇨ Reducción de Costos: La facturación electrónica elimina los costos asociados con el papel, la impresión, el envío postal y el almacenamiento físico de facturas.
  - ⇨ Mejora del Flujo de Caja: La entrega instantánea de facturas electrónicas puede acelerar el proceso de aprobación y pago, mejorando el flujo de caja de las empresas.
  - ⇨ Seguridad y Conformidad: Los mecanismos de firma digital y cifrado mejoran la seguridad de las transacciones y ayudan a asegurar la conformidad con las regulaciones fiscales y legales.

- ⇨ Accesibilidad y Rastreabilidad: Las facturas electrónicas se pueden almacenar y recuperar fácilmente de bases de datos electrónicas, facilitando la gestión de documentos y la auditoría.

- ⇨ Sostenibilidad Ambiental: La reducción del uso de papel contribuye a la sostenibilidad ambiental, alineándose con las políticas de responsabilidad social corporativa.

♦ Inconvenientes de la Facturación Electrónica

- ⇨ Inversión Inicial: La implementación de un sistema de facturación electrónica puede requerir una inversión inicial significativa en software, hardware y capacitación.

- ⇨ Complejidad Técnica: La gestión de los aspectos técnicos, como la compatibilidad de formatos y la integración con sistemas contables y de gestión, puede ser compleja.

- ⇨ Dependencia Tecnológica: Un mayor uso de la tecnología conlleva una dependencia de la infraestructura de TI, lo que puede ser un riesgo en caso de fallos o ciberataques.

- ⇨ Barreras para la Adopción: Algunos socios comerciales, especialmente pequeñas empresas o en regiones con menor penetración tecnológica, pueden no estar preparados para la facturación electrónica.

- ⇨ Regulaciones Variables: Las regulaciones sobre facturación electrónica pueden variar significativamente entre diferentes jurisdicciones, lo que requiere un esfuerzo constante para mantenerse actualizado y en conformidad.

- ⇨ Privacidad y Seguridad de Datos: A pesar de las mejoras en seguridad, la gestión de datos sensibles electrónicamente siempre implica riesgos de privacidad y seguridad que deben ser diligentemente administrados.

♦ Consideraciones Finales

La decisión de adoptar la facturación electrónica debe basarse en una evaluación cuidadosa de estas ventajas e inconvenientes, teniendo en cuenta las circunstancias específicas de la empresa, incluyendo su tamaño, industria, geografía, y las capacidades tecnológicas de sus socios comerciales. A pesar de los inconvenientes, las tendencias globales indican un movimiento creciente hacia la digitalización de procesos financieros y administrativos, con la facturación electrónica siendo un componente clave de esta transformación.

Resumen

- Los receptores o destinatarios de facturas electrónicas tienen responsabilidades cruciales para garantizar la integridad, conformidad legal y eficiencia en el manejo de las transacciones comerciales.
- Estas obligaciones incluyen:
  - Recepción y Verificación.
  - Revisión de Contenido.
  - Almacenamiento y Conservación.
  - Cumplimiento Fiscal y Contable.
  - Cooperación en Auditorías.
  - Actualización Tecnológica y Normativa.
- Ventajas e Inconvenientes de la Facturación Electrónica. La facturación electrónica ofrece eficiencia operativa, reducción de costos, mejora del flujo de caja, seguridad y conformidad, accesibilidad, y sostenibilidad ambiental. Sin embargo, presenta desafíos como la inversión inicial, complejidad técnica, dependencia tecnológica, barreras para la adopción, regulaciones variables y preocupaciones sobre privacidad y seguridad de datos.
- Consideraciones Finales. La decisión de adoptar la facturación electrónica debe basarse en una evaluación cuidadosa de estas ventajas e inconvenientes, considerando las circunstancias específicas de la empresa. A pesar de los desafíos, la tendencia global hacia la digitalización respalda la adopción de la facturación electrónica como parte de la transformación digital de los procesos financieros y administrativos.

UNIDAD

2.3. Aspecto Privado y Público de las Facturas Electrónicas

Contenido de la Unidad

- Importancia de la Distinción entre los Aspectos Privados y Públicos
- Relevancia de esta distinción para las prácticas empresariales y la regulación gubernamental
- Aspecto Privado de las Facturas Electrónicas
- Estrategias y tecnologías para proteger la información confidencial en las facturas electrónicas.
- Aspecto Público y Regulatorio de las Facturas Electrónicas
- Procedimientos de auditoría y cumplimiento normativo en el manejo de facturas electrónicas.
- Impacto de la transparencia y la accesibilidad de datos en el ámbito público.
- Resumen

1. IMPORTANCIA DE LA DISTINCIÓN ENTRE LOS ASPECTOS PRIVADOS Y PÚBLICOS

La facturación electrónica ocupa un espacio único en el entramado empresarial y regulatorio, situándose en la intersección entre los dominios privado y público.

Este posicionamiento no es trivial, ya que influye significativamente en cómo las organizaciones manejan estos documentos esenciales y en cómo los gobiernos establecen políticas y normativas al respecto.

1.1. Intersección entre lo Privado y lo Público

La facturación electrónica, por su propia naturaleza, es una representación digital de transacciones comerciales.

En el ámbito privado, estas facturas son cruciales para la contabilidad, la gestión financiera y las relaciones entre empresas (B2B) o entre empresas y consumidores (B2C). Contienen información sensible, como detalles de productos o servicios, precios, datos del proveedor y del cliente, y términos de pago. La confidencialidad y seguridad de esta información es primordial para proteger la competitividad y la privacidad de las partes involucradas.

Por otro lado, desde una perspectiva pública, las facturas electrónicas son instrumentos clave para la administración tributaria y el cumplimiento de las regulaciones comerciales.

Los gobiernos requieren acceso a ciertos datos de estas facturas para la auditoría fiscal, la lucha contra el fraude y la evasión fiscal, y para la formulación de políticas económicas. Esto implica la necesidad de transparencia y la capacidad de las autoridades para acceder y procesar información relevante de las facturas electrónicas.

1.2. Importancia de la Distinción

La distinción entre los aspectos privados y públicos de las facturas electrónicas es crucial por varias razones:

- Seguridad y Privacidad: Las empresas deben garantizar la protección de la información comercial sensible y de los datos personales, cumpliendo con las leyes de privacidad de datos como el GDPR en Europa o la CCPA en California. Esto requiere medidas de seguridad robustas para evitar el acceso no autorizado a la información privada contenida en las facturas electrónicas.
- Cumplimiento Regulatorio: Las organizaciones deben adherirse a las normativas establecidas por los gobiernos en cuanto a la emisión, conservación y presentación de facturas electrónicas. Esto incluye el cumplimiento de estándares de formato, la retención de documentos durante periodos específicos y la facilitación de auditorías fiscales.
- Interoperabilidad: La necesidad de que las facturas electrónicas sean utilizables tanto en el ámbito privado como en el público lleva a la importancia de la interoperabilidad. Los sistemas de facturación electrónica deben ser capaces de interactuar con una variedad de plataformas gubernamentales y comerciales, asegurando la compatibilidad y eficiencia en el procesamiento de facturas.
- Transparencia y Acceso: Mientras que las empresas buscan proteger cierta información, también debe existir un grado de transparencia que permita a las autoridades reguladoras verificar el cumplimiento de las leyes y regulaciones. Encontrar el equilibrio adecuado entre privacidad y acceso público es un desafío constante.

La correcta distinción y manejo de los aspectos privados y públicos de las facturas electrónicas son fundamentales para navegar en este espacio compartido, asegurando tanto la protección de datos sensibles como el cumplimiento de las obligaciones fiscales y legales.

Las empresas y las autoridades deben trabajar juntas para desarrollar prácticas y tecnologías que faciliten este equilibrio, promoviendo tanto la seguridad como la eficiencia en el ecosistema de facturación electrónica.

2. Relevancia de esta distinción para las prácticas empresariales y la regulación gubernamental

La distinción entre los aspectos privados y públicos de las facturas electrónicas tiene una relevancia significativa tanto para las prácticas empresariales como para la regulación gubernamental.

Esta distinción influye directamente en cómo las empresas gestionan sus operaciones internas y en cómo los gobiernos diseñan e implementan políticas y normativas que afectan al entorno comercial y fiscal.

A continuación, se detallan las implicaciones de esta distinción en ambos ámbitos:

2.1. Para las Prácticas Empresariales

- ⇨ **Protección de Datos:** Las empresas deben implementar políticas y tecnologías robustas para proteger la información sensible contenida en las facturas electrónicas. La relevancia de la distinción se manifiesta en la necesidad de salvaguardar los datos contra accesos no autorizados, manteniendo la confidencialidad y la privacidad del cliente y la empresa.

- ⇨ **Gestión de Relaciones:** En el ámbito privado, las facturas electrónicas son esenciales para la gestión de relaciones con proveedores y clientes. La distinción enfatiza la importancia de manejar estos documentos de manera eficiente y segura para mantener la confianza y cumplir con los acuerdos contractuales.

⇨ **Optimización de Procesos:** Las empresas utilizan las facturas electrónicas para optimizar sus procesos contables y financieros. La distinción entre los aspectos privados y públicos subraya la necesidad de sistemas que faciliten la automatización, la precisión en el seguimiento de transacciones y la generación de informes, asegurando al mismo tiempo el cumplimiento normativo.

2.2. Para la Regulación Gubernamental

⇨ **Auditoría y Cumplimiento Fiscal:** Los gobiernos dependen del acceso a cierta información de las facturas electrónicas para la auditoría fiscal y el aseguramiento del cumplimiento de las leyes tributarias. Esta distinción resalta la necesidad de establecer un marco legal que permita a las autoridades fiscales realizar inspecciones eficaces sin comprometer la privacidad empresarial.

⇨ **Lucha contra el Fraude:** La distinción es relevante para las estrategias gubernamentales de prevención y detección de fraudes y evasión fiscal. Los gobiernos deben equilibrar la vigilancia y el control con el respeto a la privacidad y la autonomía empresarial.

⇨ **Desarrollo de Estándares y Tecnologías:** La relevancia de esta distinción se extiende al desarrollo de estándares y tecnologías para la facturación electrónica que sean compatibles tanto con las necesidades empresariales como con los requisitos regulatorios. Esto incluye la promoción de formatos de factura estandarizados y sistemas interoperables que faciliten el cumplimiento y la eficiencia.

La distinción entre los aspectos privados y públicos de las facturas electrónicas es fundamental para la conformación de prácticas empresariales responsables y regulaciones gubernamentales equilibradas.

Las empresas deben enfocarse en la protección de datos y la optimización de procesos, mientras que los gobiernos deben asegurar el cumplimiento fiscal y la lucha contra el fraude, todo dentro de un marco que promueva la transparencia, la eficiencia y el respeto a la privacidad. Establecer un equilibrio adecuado entre estos aspectos es esencial para fomentar un entorno de negocios saludable y una sociedad fiscalmente responsable.

3. Aspecto Privado de las Facturas Electrónicas

La importancia de la privacidad y seguridad de los datos en el ámbito empresarial.

El aspecto privado de las facturas electrónicas se centra en la importancia crítica de la privacidad y la seguridad de los datos dentro del ámbito empresarial. En este contexto, las facturas electrónicas no son simplemente documentos de transacción; son portadoras de información comercial sensible que, si se maneja incorrectamente, podría comprometer la integridad financiera, la competitividad y la privacidad tanto de las empresas como de sus clientes.

- Privacidad de los Datos

La privacidad de los datos en las facturas electrónicas se refiere a la protección de la información personal y comercial sensible que estos documentos contienen. Esto incluye, pero no se limita a, detalles financieros, información de contacto de clientes y proveedores, descripciones de productos o servicios y términos de negociación.

La violación de esta privacidad no solo puede llevar a la pérdida de confianza y daño reputacional, sino también a consecuencias legales en caso de incumplimiento de regulaciones como el GDPR en Europa, que establece estrictas directrices sobre el manejo de datos personales.

- Seguridad de los Datos

La seguridad de los datos en el contexto de las facturas electrónicas abarca las medidas técnicas y organizativas implementadas para proteger la información contra el acceso no autorizado, la divulgación, la alteración y la destrucción.

Las estrategias para asegurar la seguridad de los datos incluyen:

⇨ **Encriptación:** Utilizar tecnologías de encriptación avanzadas para proteger los datos tanto en reposo como en tránsito, asegurando que solo las partes autorizadas puedan acceder a la información de las facturas.

- ⇨ **Control de Acceso:** Establecer sistemas de autenticación y autorización rigurosos para limitar el acceso a las facturas electrónicas únicamente al personal relevante dentro de la organización, así como a los clientes y proveedores autorizados.
- ⇨ **Gestión de la Integridad:** Implementar mecanismos para garantizar que la información contenida en las facturas no sea alterada de manera indebida, utilizando tecnologías como las firmas digitales y los sellos de tiempo.

♦ Impacto en las Prácticas Empresariales

La privacidad y seguridad de los datos impactan directamente en varias áreas de las prácticas empresariales:

- ⇨ **Confianza del Cliente:** La capacidad de una empresa para proteger la privacidad y seguridad de los datos en sus facturas electrónicas es fundamental para mantener y fortalecer la confianza de sus clientes y socios comerciales.
- ⇨ **Competitividad Empresarial:** La protección efectiva de la información comercial sensible ayuda a salvaguardar las ventajas competitivas de la empresa, evitando que información valiosa caiga en manos de competidores.
- ⇨ **Cumplimiento Regulatorio:** Cumplir con las leyes y regulaciones sobre privacidad y seguridad de datos es esencial para evitar sanciones y cumplir con las expectativas legales y éticas.

La importancia de la privacidad y seguridad de los datos en las facturas electrónicas dentro del ámbito empresarial no puede ser subestimada. Constituyen un pilar fundamental en la gestión de relaciones comerciales, la preservación de la integridad empresarial y el cumplimiento de obligaciones legales, repercutiendo directamente en la reputación y el éxito de la organización en el mercado.

4. Estrategias y tecnologías para proteger la información confidencial en las facturas electrónicas.

Para proteger la información confidencial contenida en las facturas electrónicas, las empresas deben implementar una combinación de estrategias y tecnologías avanzadas. Estas medidas están diseñadas para asegurar la integridad, la confidencialidad y la disponibilidad de los datos, minimizando los riesgos asociados con la seguridad cibernética y el manejo de datos. A continuación, se presentan algunas de las estrategias y tecnologías clave en este ámbito:

1. Encriptación de Datos
   - ⇨ Descripción: La encriptación convierte la información confidencial en un formato cifrado que solo puede ser descifrado por aquellos que poseen la clave de encriptación correspondiente.
   - ⇨ Aplicación: Utilizar encriptación tanto para los datos en reposo (almacenados en sistemas de archivos, bases de datos, etc.) como en tránsito (durante la transmisión de datos entre sistemas o redes).
2. Control de Acceso
   - ⇨ Descripción: El control de acceso asegura que solo los usuarios autorizados puedan acceder a la información confidencial de las facturas electrónicas.
   - ⇨ Aplicación: Implementar sistemas de autenticación robustos (como contraseñas fuertes, autenticación de dos factores, reconocimiento biométrico) y sistemas de autorización basados en roles para definir claramente los niveles de acceso de cada usuario.
3. Firmas Digitales y Certificados
   - ⇨ Descripción: Las firmas digitales utilizan criptografía asimétrica para validar la autenticidad e integridad de un documento electrónico.
   - ⇨ Aplicación: Firmar digitalmente las facturas electrónicas para asegurar que no hayan sido alteradas después de su emisión y para confirmar la identidad del emisor.

4. Redes Privadas Virtuales (VPN)

   - Descripción: Una VPN crea un canal seguro para la transmisión de datos a través de Internet o de otras redes no seguras.

   - Aplicación: Utilizar VPNs para cifrar las conexiones de red cuando se transmiten facturas electrónicas entre entidades comerciales, especialmente cuando se accede a los sistemas de la empresa de forma remota.

5. Gestión de Vulnerabilidades y Parches

   - Descripción: La gestión de vulnerabilidades implica identificar, clasificar, remediar y mitigar vulnerabilidades en el software y los sistemas.

   - Aplicación: Establecer programas regulares de actualización y parcheo para todos los sistemas críticos que manejan facturas electrónicas, asegurando que estén protegidos contra las últimas amenazas de seguridad.

6. Seguridad de Capa de Transporte (TLS)

   - Descripción: TLS es un protocolo que proporciona comunicaciones seguras en una red informática.

   - Aplicación: Implementar TLS para cifrar y asegurar la transmisión de datos de facturas electrónicas a través de Internet, garantizando la privacidad y la integridad de los datos.

7. Almacenamiento Seguro y Copias de Seguridad

   - Descripción: Un almacenamiento seguro implica utilizar infraestructuras que ofrezcan altos niveles de seguridad y protección de datos.

   - Aplicación: Emplear soluciones de almacenamiento que proporcionen encriptación de datos en reposo y establecer políticas de copias de seguridad regulares y seguras para recuperarse de posibles pérdidas de datos.

8. Capacitación y Concienciación del Personal

   - ⇨ Descripción: La capacitación en seguridad cibernética aumenta la concienciación sobre las mejores prácticas y los riesgos de seguridad entre los empleados.

   - ⇨ Aplicación: Desarrollar programas de formación para educar al personal sobre la importancia de la seguridad de las facturas electrónicas y enseñarles cómo manejar adecuadamente la información confidencial.

Implementar estas estrategias y tecnologías de forma integral y coherente es fundamental para proteger la información confidencial en las facturas electrónicas. Requiere un enfoque proactivo y una evaluación continua de los riesgos para adaptarse a las cambiantes amenazas y vulnerabilidades en el panorama de la seguridad cibernética.

5. Aspecto Público y Regulatorio de las Facturas Electrónicas

El aspecto público y regulatorio de las facturas electrónicas engloba el conjunto de normativas, leyes y estándares establecidos por las autoridades reguladoras para supervisar y controlar el uso y la gestión de las facturas electrónicas en el ámbito comercial y fiscal.

Este marco regulatorio busca asegurar la transparencia, la autenticidad y la integridad de las transacciones electrónicas, protegiendo tanto los intereses del Estado en materia fiscal como los derechos de consumidores y empresas. A continuación, se detalla el rol de las autoridades reguladoras y las normativas aplicables en este contexto:

5.1. Rol de las Autoridades Reguladoras

Las autoridades reguladoras desempeñan un papel crucial en la definición de los requisitos legales y técnicos para la facturación electrónica. Sus responsabilidades incluyen:

- **Establecimiento de Estándares:** Definir los formatos y estándares técnicos que deben seguir las facturas electrónicas para garantizar su interoperabilidad y uniformidad a nivel nacional e internacional.
- **Garantía de Cumplimiento:** Asegurar que las empresas cumplan con las regulaciones vigentes para la emisión, almacenamiento y gestión de facturas electrónicas, incluyendo la verificación de la autenticidad e integridad de los documentos.
- **Auditoría y Control Fiscal:** Realizar auditorías y controles para prevenir y detectar el fraude fiscal, la evasión de impuestos y otras irregularidades relacionadas con la facturación electrónica.
- **Protección de Datos:** Velar por la protección de los datos personales y comerciales contenidos en las facturas electrónicas, en conformidad con las leyes de protección de datos aplicables.
- **Fomento de la Adopción:** Promover el uso de la facturación electrónica entre las empresas y los contribuyentes a través de incentivos, campañas de información y simplificación de procesos.

5.2. Normativas Aplicables

Las normativas que regulan la facturación electrónica varían según el país y, en algunos casos, según la región dentro de un mismo país. Algunos ejemplos de normativas incluyen:

- **Unión Europea:** La Directiva 2014/55/UE sobre facturación electrónica en la contratación pública establece un marco común para la facturación electrónica dentro de la UE, promoviendo el uso de un estándar europeo para las facturas electrónicas.

- **Estados Unidos:** Aunque no existe una regulación federal unificada para la facturación electrónica, distintos estados han desarrollado sus propias normativas, y organismos como el Internal Revenue Service (IRS) proporcionan directrices sobre la documentación electrónica para fines fiscales.

- **América Latina:** Países como México, Brasil y Chile están a la vanguardia en la implementación de sistemas de facturación electrónica obligatorios, con regulaciones estrictas diseñadas para mejorar la eficiencia fiscal y combatir el fraude.

- **Asia:** Singapur, por ejemplo, ha adoptado la Iniciativa PEPPOL para la facturación electrónica, facilitando el comercio transfronterizo y la digitalización de las transacciones comerciales.

La interacción entre el aspecto público y regulatorio de las facturas electrónicas y las prácticas empresariales es dinámica y requiere una adaptación continua por parte de las empresas para asegurar el cumplimiento normativo. La comprensión y aplicación efectiva de estas regulaciones son fundamentales para operar con éxito en el entorno de negocios digitales.

6. PROCEDIMIENTOS DE AUDITORÍA Y CUMPLIMIENTO NORMATIVO EN EL MANEJO DE FACTURAS ELECTRÓNICAS.

Los procedimientos de auditoría y cumplimiento normativo en el manejo de facturas electrónicas son esenciales para garantizar que las empresas cumplan con las leyes y regulaciones aplicables, minimizando el riesgo de sanciones, multas y problemas legales. Estos procedimientos ayudan a las organizaciones a verificar la integridad, autenticidad y exactitud de sus transacciones electrónicas, así como a asegurar la correcta declaración y pago de impuestos.

A continuación, se describen algunas prácticas clave en este ámbito:

1. Implementación de Políticas Internas

   ⇨ Descripción: Establecer políticas y procedimientos internos claros para la gestión de facturas electrónicas, incluyendo la emisión, recepción, almacenamiento y archivo.

   ⇨ Objetivo: Asegurar que todas las operaciones relacionadas con las facturas electrónicas se realicen de manera consistente y conforme a las regulaciones vigentes.

2. Sistema de Gestión Documental

   ⇨ Descripción: Utilizar sistemas de gestión documental (DMS) que cumplan con los requisitos legales para el manejo de facturas electrónicas, incluyendo funcionalidades de control de versiones, registro de auditoría y respaldo de datos.

   ⇨ Objetivo: Mantener un registro fiable y accesible de todas las facturas electrónicas que facilite la revisión y auditoría de los documentos.

3. Controles de Seguridad de la Información

   ⇨ Descripción: Implementar medidas de seguridad de la información, como la encriptación, el control de acceso y la firma digital, para proteger las facturas electrónicas contra el acceso no autorizado, la alteración y la pérdida.

   ⇨ Objetivo: Preservar la confidencialidad, integridad y disponibilidad de las facturas electrónicas.

4. Auditorías Internas y Externas

   ⇨ Descripción: Realizar auditorías internas periódicas y someterse a auditorías externas por parte de terceros independientes o autoridades reguladoras para evaluar la conformidad con las normativas aplicables.

   ⇨ Objetivo: Identificar y corregir posibles deficiencias o incumplimientos en el manejo de facturas electrónicas antes de que se conviertan en problemas legales o financieros.

5. Formación y Capacitación del Personal

    ⇨ Descripción: Proporcionar formación regular al personal involucrado en la gestión de facturas electrónicas sobre las políticas internas, las mejores prácticas y las obligaciones legales.

    ⇨ Objetivo: Asegurar que los empleados comprendan su papel en el cumplimiento normativo y estén capacitados para manejar adecuadamente las facturas electrónicas.

6. Mantenimiento de la Conformidad Tecnológica

    ⇨ Descripción: Mantener actualizados los sistemas y software utilizados para la facturación electrónica, asegurando que cumplan con los últimos estándares y requisitos legales.

    ⇨ Objetivo: Evitar problemas de compatibilidad o incumplimientos técnicos que puedan afectar la validez legal de las facturas electrónicas.

7. Plan de Respuesta a Incidentes

    ⇨ Descripción: Desarrollar y poner en práctica un plan de respuesta ante incidentes que aborde posibles violaciones de seguridad, pérdida de datos o incumplimientos normativos relacionados con las facturas electrónicas.

    ⇨ Objetivo: Minimizar el impacto de cualquier incidente y restaurar rápidamente la operación normal, asegurando la continuidad del negocio.

La implementación efectiva de estos procedimientos de auditoría y cumplimiento normativo no solo ayuda a las empresas a evitar riesgos legales y financieros, sino que también contribuye a fortalecer la confianza de clientes, proveedores y autoridades fiscales en la integridad de las operaciones comerciales electrónicas.

En España y Europa, los procedimientos de auditoría y cumplimiento normativo en el manejo de facturas electrónicas están marcados por un marco legal riguroso, diseñado para asegurar la transparencia, la eficiencia fiscal y la seguridad de las transacciones electrónicas.

A continuación, se presentan algunos ejemplos específicos de cómo se aplican estos procedimientos en el contexto español y europeo:

6.1. En España

- Sistema de Suministro Inmediato de Información (SII):
  - Descripción: Implementado por la Agencia Tributaria Española, el SII requiere que las empresas proporcionen detalles de sus facturas emitidas y recibidas casi en tiempo real, con una antelación máxima de cuatro días.
  - Objetivo: Mejorar el control tributario y facilitar el cumplimiento de las obligaciones fiscales, permitiendo a la Agencia Tributaria acceder y verificar la información de las facturas electrónicas de manera eficiente.
- Auditorías de la Agencia Tributaria:
  - Descripción: La Agencia Tributaria Española realiza auditorías regulares a las empresas para verificar el cumplimiento de las normativas fiscales, incluyendo la correcta emisión, almacenamiento y declaración de las facturas electrónicas.
  - Objetivo: Detectar y prevenir el fraude fiscal, asegurando que todas las transacciones comerciales estén debidamente documentadas y reportadas.

6.2. En Europa

- Directiva 2014/55/UE sobre Facturación Electrónica en la Contratación Pública:
    - Descripción: Esta directiva establece que todas las entidades públicas de los Estados miembros de la UE deben ser capaces de recibir y procesar facturas electrónicas que cumplan con la norma europea (EN) sobre facturación electrónica.
    - Objetivo: Establecer un marco común para la facturación electrónica dentro de la UE, promoviendo la interoperabilidad y facilitando el comercio transfronterizo.
- Reglamento General de Protección de Datos (GDPR):
    - Descripción: Aunque el GDPR no se centra exclusivamente en las facturas electrónicas, sus disposiciones sobre la protección de datos personales afectan la manera en que las empresas deben manejar la información contenida en estas facturas.
    - Objetivo: Proteger los datos personales de los ciudadanos de la UE, lo que incluye la información de clientes y proveedores que puede figurar en las facturas electrónicas, asegurando su tratamiento seguro y conforme a la ley.
- Norma EN 16931 sobre Facturación Electrónica:
    - Descripción: Esta norma define un modelo semántico para la facturación electrónica, estableciendo los elementos que deben contener las facturas electrónicas para asegurar la interoperabilidad en el ámbito de la contratación pública en Europa.
    - Objetivo: Facilitar el proceso de facturación electrónica entre diferentes sistemas y países dentro de la UE, garantizando que las facturas electrónicas sean entendidas y procesadas de manera uniforme.

Estos ejemplos muestran cómo España y Europa en conjunto han desarrollado un entorno normativo detallado para regular la emisión, gestión y auditoría de facturas electrónicas, buscando equilibrar la eficiencia y la seguridad en las transacciones comerciales con la protección de los datos personales y el cumplimiento fiscal. Las empresas que operan en estos territorios deben estar bien informadas y adaptar sus prácticas para asegurar la conformidad con estas regulaciones.

7. Impacto de la transparencia y la accesibilidad de datos en el ámbito público.

El impacto de la transparencia y la accesibilidad de los datos de facturación electrónica en el ámbito público es significativo y multifacético, influyendo en la eficiencia administrativa, la confianza pública y la innovación económica. Estos son algunos de los aspectos clave:

1. Mejora de la Eficiencia Administrativa

   ⇨ Descripción: La transparencia y la accesibilidad de los datos permiten a las autoridades públicas procesar, verificar y auditar las facturas electrónicas de manera más eficiente y efectiva.

   ⇨ Impacto: Esto conduce a una reducción en el tiempo y los recursos necesarios para la gestión fiscal y la contratación pública, optimizando los procesos administrativos y reduciendo la carga burocrática para las empresas.

2. Fortalecimiento de la Confianza Pública

   ⇨ Descripción: La transparencia en las transacciones comerciales y fiscales fomenta una mayor confianza entre los ciudadanos, las empresas y el gobierno.

   ⇨ Impacto: Al hacer que la información sea accesible y comprensible, se promueve la rendición de cuentas y se reducen las oportunidades de corrupción y fraude fiscal, fortaleciendo la confianza en las instituciones públicas.

3. Promoción de la Equidad Fiscal

   ⇨ Descripción: Un sistema transparente y accesible asegura que todas las empresas, independientemente de su tamaño o sector, cumplan con las mismas normativas fiscales.

   ⇨ Impacto: Esto ayuda a nivelar el campo de juego, asegurando que la recaudación de impuestos sea justa y equitativa, y que los recursos públicos se generen de manera eficiente.

4. Estímulo a la Innovación y la Competitividad

   ⇨ Descripción: La accesibilidad de los datos de facturación electrónica puede fomentar la innovación al permitir el análisis de grandes volúmenes de información comercial y financiera.

   ⇨ Impacto: Las empresas y los emprendedores pueden utilizar estos datos para identificar tendencias del mercado, optimizar las cadenas de suministro y desarrollar nuevos productos o servicios, impulsando la competitividad y el crecimiento económico.

5. Facilitación del Comercio Transfronterizo

   ⇨ Descripción: La transparencia y la interoperabilidad de los sistemas de facturación electrónica facilitan las transacciones comerciales internacionales.

   ⇨ Impacto: Al simplificar los procesos administrativos y reducir los costos asociados con el cumplimiento de diversas normativas fiscales, se promueve el comercio transfronterizo y se apoya la expansión de las empresas en mercados internacionales.

6. Apoyo a la Toma de Decisiones Basada en Datos

   ⇨ Descripción: La disponibilidad de datos detallados y fiables mejora la capacidad de las autoridades para tomar decisiones informadas en relación con la política fiscal y económica.

   ⇨ Impacto: Esto permite una mejor asignación de recursos, la identificación de sectores económicos clave para el desarrollo y la implementación de políticas públicas más efectivas.

La transparencia y la accesibilidad de los datos en el ámbito de la facturación electrónica tienen un impacto positivo y transformador en la sociedad, mejorando la eficiencia administrativa, fortaleciendo la confianza pública, promoviendo la equidad fiscal, estimulando la innovación y la competitividad, facilitando el comercio internacional y apoyando la toma de decisiones basada en datos. Estos beneficios subrayan la importancia de adoptar y promover prácticas transparentes y accesibles en la gestión de facturas electrónicas a nivel público.

Resumen

- Importancia de la Distinción entre los Aspectos Privados y Públicos:
  - Las facturas electrónicas ocupan un espacio único entre lo privado y lo público, siendo cruciales para la contabilidad y las relaciones comerciales privadas, así como para la administración tributaria pública.
  - La distinción es crucial para garantizar la seguridad y privacidad de los datos, el cumplimiento normativo, la interoperabilidad y el equilibrio entre la privacidad y el acceso público.
- Relevancia para las Prácticas Empresariales y la Regulación Gubernamental: La distinción impacta en la protección de datos, la gestión de relaciones, la optimización de procesos, el cumplimiento normativo, la auditoría fiscal y la lucha contra el fraude, tanto en el ámbito privado como en el público.
- Aspecto Privado de las Facturas Electrónicas: Destaca la importancia de la privacidad y seguridad de los datos en el ámbito empresarial, abordando la protección de la privacidad de los datos y las medidas de seguridad necesarias.
- Estrategias y Tecnologías para Proteger la Información Confidencial: Se presentan varias estrategias y tecnologías como la encriptación, el control de acceso, las firmas digitales, las VPN y la gestión de vulnerabilidades para proteger los datos de las facturas electrónicas.
- Aspecto Público y Regulatorio de las Facturas Electrónicas: Se discute el rol de las autoridades reguladoras y las normativas aplicables, destacando ejemplos como el Sistema de Suministro Inmediato de Información (SII) en España y la Directiva 2014/55/UE en la UE.
- Procedimientos de Auditoría y Cumplimiento Normativo: Se describen prácticas como la implementación de políticas internas, sistemas de gestión documental, controles de seguridad, auditorías internas y externas, formación del personal y mantenimiento de la conformidad tecnológica.

- Impacto de la Transparencia y la Accesibilidad de Datos en el Ámbito Público:
  - ⇨ Se detalla cómo la transparencia y la accesibilidad de los datos de facturación electrónica impactan en la eficiencia administrativa, la confianza pública, la equidad fiscal, la innovación y la competitividad, entre otros aspectos.
  - ⇨ Proporciona una visión general de cómo la gestión de las facturas electrónicas abarca tanto aspectos empresariales como gubernamentales, y cómo la protección de datos y el cumplimiento normativo son fundamentales para un funcionamiento eficiente y transparente del sistema.

UNIDAD

2.4. Normativa

Contenido de la Unidad

- Introducccción
- Normativa Española en Facturación Electrónica
- Normativa Europea en Facturación Electrónica
- Principales Normativas a Nivel Mundial
- Resumen

Introducción

La normativa sobre facturación electrónica constituye un conjunto de leyes, regulaciones y estándares diseñados para regular la emisión, transmisión, recepción y conservación de facturas en formato electrónico. Estas normativas buscan asegurar la autenticidad del origen, la integridad del contenido y la legibilidad de las facturas desde el momento de su emisión hasta el final del período de conservación obligatorio. Además, estas regulaciones pretenden facilitar las transacciones comerciales, mejorar la eficiencia en los procesos de gestión y contabilidad, y fortalecer los mecanismos de control fiscal para combatir el fraude y la evasión tributaria.

En el ámbito de la Unión Europea, por ejemplo, la Directiva 2014/55/UE sobre facturación electrónica en la contratación pública ha sido un hito importante, estableciendo un marco legal que obliga a las entidades públicas de los Estados miembros a aceptar facturas electrónicas que cumplan con ciertos estándares europeos. En España, la legislación ha evolucionado para incorporar sistemas como el Suministro Inmediato de Información (SII), que agiliza la comunicación de las facturas a la Agencia Tributaria, mejorando la eficiencia y el control fiscal.

A nivel mundial, la normativa varía significativamente entre países, reflejando las diferencias en los enfoques regulatorios y los sistemas fiscales. En América Latina, países como México y Brasil han sido pioneros en la implementación de sistemas de facturación electrónica obligatorios, con regulaciones estrictas diseñadas para mejorar la eficiencia fiscal y combatir el fraude. En Asia, la adopción de iniciativas como PEPPOL en Singapur demuestra el compromiso con la estandarización y la interoperabilidad en la facturación electrónica a nivel internacional.

La continua evolución de la normativa sobre facturación electrónica responde a la necesidad de adaptarse a los avances tecnológicos, las demandas del mercado globalizado y los desafíos en la administración tributaria. Las empresas deben permanecer informadas y adaptarse a estas regulaciones para asegurar el cumplimiento legal, optimizar sus operaciones y aprovechar las ventajas que la facturación electrónica ofrece en términos de eficiencia y transparencia.

1. NORMATIVA ESPAÑOLA EN FACTURACIÓN ELECTRÓNICA

1.1. Ley 56/2007 de Medidas de Impulso de la Sociedad de la Información (LISI): Introducción de la facturación electrónica.

La Ley 56/2007, de 28 de diciembre, de Medidas de Impulso de la Sociedad de la Información (LISI), representa un hito importante en el marco normativo español en relación con la digitalización de procesos y la incorporación de las tecnologías de la información en el ámbito empresarial y administrativo. Esta ley abarca diversos aspectos destinados a fomentar el desarrollo de la sociedad de la información en España, entre los cuales se incluye la introducción y regulación de la facturación electrónica.

Contexto y Objetivos

La LISI se promulgó en un contexto en el que las nuevas tecnologías estaban empezando a tener un impacto transformador en la economía y la sociedad. Uno de sus objetivos fundamentales era eliminar barreras legales y técnicas que impedían el pleno aprovechamiento de las tecnologías digitales en las actividades comerciales y en las relaciones entre ciudadanos, empresas y administraciones públicas.

Facturación Electrónica según la LISI

En lo que respecta específicamente a la facturación electrónica, la LISI estableció las bases legales para su utilización en España, reconociendo su validez a efectos legales y tributarios, siempre y cuando se asegure la autenticidad de su origen y la integridad de su contenido. Esto abrió la puerta a que las empresas pudieran empezar a sustituir las facturas en papel por versiones electrónicas, contribuyendo a la eficiencia operativa y a la reducción de costes.

Principales Disposiciones

- Autenticidad e Integridad: La ley establece que las facturas electrónicas deben garantizar la autenticidad de su origen y la integridad de su contenido. Esto se puede lograr mediante el uso de firmas electrónicas avanzadas, intercambio electrónico de datos (EDI) u otros métodos que ofrezcan un nivel de seguridad equivalente.

- Conservación: Las facturas electrónicas deben conservarse en formato electrónico, manteniendo las condiciones que aseguren su acceso y legibilidad y permitiendo la verificación de que se han transmitido y recibido correctamente.
- Aceptación por Parte del Receptor: La ley reconoce la validez de las facturas electrónicas siempre que el receptor haya dado su consentimiento explícito o tácito para recibir facturas en este formato.

Impacto en la Digitalización Empresarial

La inclusión de la facturación electrónica en la LISI ha tenido un impacto significativo en la digitalización de las empresas españolas. Al proporcionar un marco legal claro, la ley ha incentivado a las empresas a adoptar procesos digitales, no solo para la facturación sino también para otras áreas de negocio, fomentando la eficiencia, la transparencia y la sostenibilidad.

Evolución y Regulaciones Posteriores

La LISI sentó las bases para el desarrollo posterior de la normativa específica sobre facturación electrónica en España, incluyendo el Real Decreto 1619/2012, que establece las obligaciones de facturación y detalla los requisitos específicos para las facturas electrónicas. Además, iniciativas como el Sistema de Suministro Inmediato de Información (SII) han ido más allá, aprovechando las capacidades de la facturación electrónica para mejorar la gestión del IVA y la relación entre la Agencia Tributaria y los contribuyentes.

En resumen, la LISI marcó el inicio de una era digital en la gestión empresarial y administrativa en España, con la facturación electrónica como uno de sus pilares. Su promulgación ha promovido la adaptación tecnológica y la modernización de los procesos comerciales, contribuyendo significativamente a la eficiencia y competitividad de las empresas en el mercado global.

1.2. Real Decreto 1619/2012: Regulación de las obligaciones de facturación, incluyendo aspectos específicos de la factura electrónica.

El Real Decreto 1619/2012, de 30 de noviembre, por el que se aprueba el Reglamento por el que se regulan las obligaciones de facturación, constituye una normativa clave en el marco legal español relativo a la emisión y gestión de facturas, incluidas las facturas electrónicas. Esta normativa detalla los requisitos que deben cumplir todas las facturas, ya sean en papel o en formato electrónico, y establece las bases para su correcta emisión y conservación.

Objetivos y Alcance

El principal objetivo de este Real Decreto es establecer un marco normativo claro que regule las obligaciones de facturación de los empresarios y profesionales, garantizando la transparencia y eficiencia en las transacciones comerciales y facilitando el control tributario. Abarca tanto las facturas tradicionales en papel como las facturas electrónicas, enfatizando la igualdad de condiciones y requisitos para ambos formatos.

Aspectos Clave del Real Decreto 1619/2012

Requisitos de las Facturas:

Detalla los elementos esenciales que debe contener una factura, ya sea en papel o electrónica, incluyendo la identificación del emisor y del receptor, la descripción de las operaciones, la base imponible, el tipo impositivo, la cuota tributaria, y en su caso, la fecha de operación y los datos relativos a la autorización del régimen especial aplicable.

Factura Electrónica:

- Define la factura electrónica como aquella factura que se emite y recibe en formato electrónico.
- Establece que la factura electrónica tendrá la misma validez legal que la factura en papel, siempre y cuando garantice la autenticidad de su origen y la integridad de su contenido, condiciones que pueden asegurarse mediante el uso de firmas electrónicas reconocidas o cualquier otro medio admitido en derecho que los interesados hayan pactado.

Conservación de Facturas:

- Estipula que las facturas deben conservarse durante el plazo establecido por la ley para el ejercicio del derecho a la deducción del IVA y el derecho a la devolución de este, así como para la realización de comprobaciones y investigaciones por parte de la Administración Tributaria.

- Indica que la conservación de las facturas electrónicas debe permitir el acceso a las mismas en su formato original, junto con los datos que garanticen su autenticidad e integridad (firma electrónica, metadatos, etc.).

Obligaciones de los Emisores y Receptores:

- Obliga a los emisores de facturas a garantizar la legibilidad de las mismas, desde el momento de su emisión hasta el final del período de conservación.
- Exige a los receptores de facturas electrónicas la aceptación de este formato, siempre y cuando se haya acordado entre las partes y se cumplan los requisitos de autenticidad e integridad.

Impacto en las Prácticas Empresariales

El Real Decreto 1619/2012 ha tenido un impacto significativo en la forma en que las empresas españolas gestionan sus facturas, impulsando la adopción de la facturación electrónica al proporcionar un marco legal claro y detallado que asegura su validez y eficacia. Ha fomentado la digitalización de los procesos contables y administrativos, contribuyendo a la eficiencia operativa, la reducción de costes y el respeto al medio ambiente al disminuir el uso de papel.

Armonización con Normativas Europeas

Este Real Decreto también contribuye a la armonización de las prácticas de facturación en España con las directrices y normativas europeas, en particular con la Directiva 2010/45/UE, que promueve la adopción de la facturación electrónica dentro del mercado único europeo y establece requisitos comunes para garantizar la autenticidad e integridad de las facturas en los Estados miembros de la UE.

El Real Decreto 1619/2012 es un componente esencial de la normativa española sobre facturación, proporcionando las bases legales necesarias para la correcta emisión, recepción y conservación de facturas electrónicas y fomentando su uso como un medio eficiente y seguro para las transacciones comerciales.

1.3. Sistema de Suministro Inmediato de Información (SII): Requisitos y funcionamiento del sistema de gestión de IVA basado en la facturación electrónica.

El Sistema de Suministro Inmediato de Información (SII) es una iniciativa de la Agencia Tributaria Española que representa un cambio significativo en la forma en que las empresas gestionan el IVA asociado a sus facturas. Implementado a partir del 1 de julio de 2017, este sistema requiere que ciertas empresas envíen de manera electrónica los detalles de sus facturas emitidas y recibidas casi en tiempo real. A continuación, se describen los requisitos y el funcionamiento de este sistema avanzado de gestión del IVA.

Objetivos del SII

El SII tiene como principales objetivos mejorar la eficiencia en la gestión del IVA, reducir las cargas administrativas, y luchar contra el fraude fiscal, permitiendo un control más ágil y efectivo por parte de la Administración Tributaria. Al mismo tiempo, busca proporcionar a las empresas una mayor seguridad jurídica en sus operaciones comerciales.

Requisitos del SII

- Empresas Obligadas a Adherirse: Inicialmente, el SII es obligatorio para las grandes empresas con facturación superior a 6 millones de euros, grupos de IVA y aquellos que se acogen al régimen de devolución mensual del IVA. Sin embargo, cualquier empresa puede acogerse voluntariamente a este sistema.

- Envío Electrónico de Información: Las empresas deben enviar detalles de sus facturas emitidas y recibidas, así como ciertas transacciones intracomunitarias y operaciones sujetas a liquidación del IVA, a través de medios electrónicos a la Agencia Tributaria.

- Plazos de Presentación: La información de las facturas emitidas debe ser enviada dentro de los cuatro días hábiles siguientes a su emisión, mientras que para las facturas recibidas, el plazo es de cuatro días hábiles desde su registro contable. Estos plazos no incluyen sábados, domingos ni festivos nacionales.

Funcionamiento del SII

- Generación de la Información: Las empresas generan los detalles de las facturas en formato electrónico, de acuerdo con los requisitos técnicos y formatos establecidos por la Agencia Tributaria.
- Envío de Datos: Mediante servicios web y sistemas de intercambio electrónico de datos, la información se transmite de forma segura a los servidores de la Agencia Tributaria.
- Validación y Respuesta: La Agencia Tributaria valida la información recibida y proporciona casi de inmediato un acuse de recibo, que puede incluir la aceptación de la factura o la indicación de errores que deben corregirse.
- Registro y Conservación: Las empresas deben mantener un registro detallado y actualizado de todas las facturas, que estará disponible tanto para la administración como para la propia empresa, facilitando las tareas de revisión y auditoría.

Beneficios del SII

- Agilización de Trámites: La presentación casi en tiempo real de la información de las facturas agiliza los trámites administrativos relacionados con el IVA.
- Menor Necesidad de Información Adicional: Al disponer de información detallada y actualizada, la Agencia Tributaria puede reducir las solicitudes de información adicional a las empresas.
- Mejora en la Gestión del IVA: El SII permite una gestión más eficiente del IVA, facilitando la identificación de discrepancias y la corrección de errores en etapas tempranas.

Desafíos y Consideraciones

La implementación del SII implica desafíos tecnológicos y organizativos para las empresas, que deben adaptar sus sistemas de gestión para cumplir con los requisitos y plazos establecidos. A pesar de estos retos, el balance general del SII es positivo, contribuyendo a una mayor transparencia fiscal y a una gestión más eficaz del IVA en España.

2. NORMATIVA EUROPEA EN FACTURACIÓN ELECTRÓNICA

2.1. Directiva 2014/55/UE: Obligaciones de la facturación electrónica en la contratación pública para los estados miembros de la UE.

La Directiva 2014/55/UE del Parlamento Europeo y del Consejo, de 16 de abril de 2014, sobre la facturación electrónica en la contratación pública, es una pieza clave en la normativa europea diseñada para estandarizar y promover el uso de la facturación electrónica en el ámbito de la contratación pública dentro de los Estados miembros de la Unión Europea.

Objetivos de la Directiva 2014/55/UE

El principal objetivo de esta Directiva es fomentar la adopción de la facturación electrónica en la contratación pública, estableciendo un estándar común europeo (EN) para las facturas electrónicas. Este enfoque busca:

- Mejorar la Eficiencia: Simplificar y agilizar los procesos de facturación y pago en la contratación pública, reduciendo los costes operativos tanto para las entidades públicas como para los proveedores.
- Fomentar la Transparencia: Aumentar la transparencia en los procesos de contratación pública, mejorando la rendición de cuentas y la gestión de los fondos públicos.
- Promover la Interoperabilidad: Garantizar que los sistemas de facturación electrónica sean interoperables a nivel transfronterizo dentro de la UE, facilitando el comercio y la prestación de servicios entre los Estados miembros.

Obligaciones Principales

La Directiva impone varias obligaciones a los Estados miembros de la UE:

- Adopción del Estándar Europeo: Los Estados miembros deben adoptar y aplicar el estándar europeo para las facturas electrónicas, asegurando que las entidades públicas puedan recibir y procesar facturas electrónicas que cumplan con este estándar.

- Transposición a la Legislación Nacional: Los Estados miembros tenían hasta el 27 de noviembre de 2018 para transponer las disposiciones de la Directiva a su legislación nacional, garantizando su aplicación efectiva en los procesos de contratación pública.

- Facilitar la Implementación: Se requiere que los Estados miembros apoyen a las entidades públicas y a los proveedores en la implementación de la facturación electrónica, proporcionando guías, herramientas y formación según sea necesario.

Implementación y Despliegue

La implementación de la Directiva 2014/55/UE ha requerido un esfuerzo coordinado a nivel de la UE y de los Estados miembros para adaptar los sistemas de contratación pública y garantizar la compatibilidad con el estándar europeo de facturación electrónica. Esto ha incluido:

- Desarrollo de Infraestructuras: Actualización de las plataformas de contratación pública y los sistemas de gestión de facturas para soportar el estándar EN.

- Promoción de la Adopción: Campañas de sensibilización y formación dirigidas a entidades públicas y proveedores para promover el uso de la facturación electrónica.

- Cooperación Transfronteriza: Iniciativas para asegurar la interoperabilidad de los sistemas de facturación electrónica entre los Estados miembros, facilitando el comercio y la prestación de servicios a nivel europeo.

Impacto y Beneficios

La adopción de la Directiva 2014/55/UE ha tenido un impacto positivo en la modernización de la contratación pública en la UE, contribuyendo a la creación de un mercado único digital más eficiente y transparente. Entre los beneficios destacan la reducción de los tiempos de procesamiento y pago, la disminución de los errores en las facturas y la mejora en la accesibilidad para las PYMEs a los mercados de contratación pública en otros Estados miembros.

La Directiva 2014/55/UE sobre la facturación electrónica en la contratación pública es un componente esencial de la estrategia de la UE para digitalizar la economía, mejorar la eficiencia de la administración pública y fomentar la participación transfronteriza en la contratación pública, estableciendo un marco normativo armonizado para la facturación electrónica en toda Europa.

Norma EN 16931: Estándar europeo para las facturas electrónicas para asegurar la interoperabilidad en la UE. Reglamento General de Protección de Datos (GDPR): Implicaciones para la facturación electrónica en términos de protección de datos personales.

2.2. Norma EN 16931: Estándar Europeo para las Facturas Electrónicas

La Norma EN 16931 es un estándar europeo para las facturas electrónicas, desarrollado con el objetivo de asegurar la interoperabilidad en la facturación electrónica dentro de la Unión Europea. Esta norma define un modelo semántico de datos que establece los elementos esenciales que debe contener una factura electrónica para garantizar que sea comprensible y procesable de manera automática en cualquier Estado miembro de la UE.

Objetivos y Beneficios

- Interoperabilidad: Facilitar el intercambio de facturas electrónicas entre diferentes sistemas y países, promoviendo el comercio transfronterizo y la eficiencia en el mercado único digital.
- Estándar Común: Proporcionar un conjunto coherente de elementos de datos y formatos que deben ser utilizados en la facturación electrónica, reduciendo la complejidad y los costos asociados con la adaptación a diferentes sistemas nacionales.
- Adopción Universal: Permitir que entidades de cualquier tamaño, desde grandes corporaciones hasta PYMEs, puedan emitir y recibir facturas electrónicas que sean conformes con las regulaciones en toda la UE.

Implementación

La adopción de la Norma EN 16931 es obligatoria para las entidades públicas de los Estados miembros de la UE, que deben ser capaces de recibir y procesar facturas electrónicas que cumplan con este estándar. Además, su implementación está siendo promovida entre las empresas privadas para fomentar una adopción más amplia de la facturación electrónica interoperable.

Reglamento General de Protección de Datos (GDPR): Implicaciones para la Facturación Electrónica

El Reglamento General de Protección de Datos (GDPR) es una legislación clave en la UE que regula el tratamiento de datos personales. Aunque el GDPR no se dirige específicamente a la facturación electrónica, tiene implicaciones significativas para la gestión de facturas electrónicas que contienen datos personales.

Principales Consideraciones del GDPR en la Facturación Electrónica

- Consentimiento y Legitimación: Asegurar que el tratamiento de datos personales en las facturas electrónicas se base en el consentimiento válido del titular de los datos o en otra base legal legítima.
- Seguridad de los Datos: Implementar medidas técnicas y organizativas adecuadas para proteger los datos personales contenidos en las facturas electrónicas contra el acceso no autorizado, la pérdida o la destrucción.
- Transparencia y Derecho de Acceso: Informar a los titulares de los datos sobre el tratamiento de sus datos personales y proporcionarles acceso a sus datos cuando lo soliciten.
- Retención de Datos: Limitar el almacenamiento de datos personales al tiempo estrictamente necesario para los fines para los que se procesan, incluyendo los requisitos legales relacionados con la conservación de facturas.

Impacto en las Empresas

Las empresas que emiten o reciben facturas electrónicas conteniendo datos personales deben cumplir con el GDPR, lo que implica revisar y, en muchos casos, ajustar sus políticas y procedimientos de facturación electrónica para garantizar la protección de los datos personales. Esto incluye la evaluación de riesgos, la adopción de medidas de seguridad adecuadas y la capacitación del personal sobre las obligaciones de protección de datos.

La Norma EN 16931 y el GDPR son elementos fundamentales en el marco normativo que afecta a la facturación electrónica en la UE. Mientras que la Norma EN 16931 busca estandarizar y facilitar el proceso de facturación electrónica para mejorar la interoperabilidad y eficiencia, el GDPR asegura que la protección de datos personales sea una prioridad en el manejo de estas facturas, estableciendo un equilibrio entre la innovación tecnológica y la privacidad de los individuos.

3. Principales Normativas a Nivel Mundial

3.1. Estados Unidos:

Ley Sarbanes-Oxley (SOX): Implicaciones para la facturación electrónica en términos de controles internos y reportes financieros.

Ley Sarbanes-Oxley (SOX) en Estados Unidos

La Ley Sarbanes-Oxley (SOX), promulgada en 2002 en respuesta a una serie de escándalos financieros de alto perfil, tiene como objetivo proteger a los inversores mediante la mejora de la precisión y fiabilidad de los reportes corporativos. Aunque no se dirige específicamente a la facturación electrónica, SOX tiene implicaciones significativas para la gestión de facturas electrónicas, especialmente en lo que respecta a los controles internos y los reportes financieros.

Objetivos de SOX

- Mejorar la Transparencia: Asegurar que las empresas cotizadas en bolsa en EE. UU. proporcionen información financiera precisa y transparente.
- Establecer Controles Internos: Implementar procedimientos rigurosos para garantizar la integridad de los datos financieros y prevenir el fraude.
- Responsabilidad de la Dirección: Obligar a los altos ejecutivos a certificar personalmente la exactitud de los informes financieros.

Implicaciones para la Facturación Electrónica

- Integridad de los Datos:

  SOX exige que las empresas establezcan controles internos efectivos para asegurar la integridad y exactitud de todos los datos financieros, incluidas las facturas electrónicas. Esto implica verificar que las facturas reflejen correctamente las transacciones comerciales y que se mantengan sin alteraciones indebidas.

- Conservación de Registros:

  La ley establece requisitos estrictos para la conservación de registros financieros, lo que incluye las facturas electrónicas. Las empresas deben asegurarse de que estas facturas se almacenen de manera segura y sean accesibles para auditorías durante el período de retención requerido.

- Auditorías Internas y Externas:

  SOX requiere auditorías regulares para evaluar la efectividad de los controles internos sobre los reportes financieros. Las facturas electrónicas, como parte integral de la documentación financiera, están sujetas a estas auditorías para validar su conformidad con las políticas internas y las regulaciones aplicables.

- Reporte de Deficiencias:

  En caso de identificar deficiencias en los controles internos relacionados con la facturación electrónica, las empresas están obligadas a reportar estos hallazgos en sus informes anuales, subrayando la importancia de un manejo adecuado de las facturas electrónicas.

- Desafíos y Consideraciones

Las empresas que operan bajo la jurisdicción de SOX deben implementar sistemas de facturación electrónica que no solo mejoren la eficiencia operativa, sino que también cumplan con los estrictos requisitos de contabilidad y reporte. Esto incluye:

- Selección de Software: Elegir soluciones de facturación electrónica que ofrezcan robustos controles de seguridad y auditoría.
- Capacitación y Concienciación: Asegurar que el personal esté debidamente capacitado en los procedimientos de facturación electrónica y en los requisitos de SOX.
- Evaluación Continua: Realizar evaluaciones periódicas de los controles internos para asegurar la conformidad continua y abordar cualquier deficiencia de manera oportuna.

La Ley Sarbanes-Oxley, aunque no se centra directamente en la facturación electrónica, establece un marco riguroso que afecta la manera en que las empresas deben gestionar sus facturas electrónicas, desde la creación hasta la conservación y auditoría, enfatizando la importancia de la integridad, transparencia y responsabilidad en los procesos financieros.

Normas UBL (Universal Business Language) y CXML (Commerce Extensible Markup Language): Adopción y uso en facturación electrónica.

Normas UBL (Universal Business Language) y CXML (Commerce Extensible Markup Language)

Las normas UBL (Universal Business Language) y CXML (Commerce Extensible Markup Language) son dos importantes especificaciones técnicas diseñadas para facilitar el intercambio electrónico de documentos comerciales, incluidas las facturas electrónicas. Ambas juegan un papel crucial en la estandarización de los formatos de documentos electrónicos, permitiendo una comunicación más eficiente entre diferentes sistemas empresariales y comerciales a nivel global.

UBL (Universal Business Language)

- Descripción: UBL es una biblioteca de documentos electrónicos estándar desarrollado por la organización OASIS (Organization for the Advancement of Structured Information Standards). Incluye una amplia gama de documentos comerciales, como facturas, órdenes de compra y notas de crédito, entre otros.
- Objetivo: Facilitar el comercio electrónico global mediante la estandarización de los formatos de documentos electrónicos utilizados en las transacciones comerciales, promoviendo así la interoperabilidad entre diferentes sistemas y plataformas.
- Implementación: UBL se basa en XML (eXtensible Markup Language), lo que lo hace altamente adaptable y fácil de integrar con diversos sistemas de gestión empresarial (ERP, CRM, sistemas de contabilidad, etc.). Su estructura modular permite a las organizaciones seleccionar y personalizar los documentos según sus necesidades específicas.

CXML (Commerce Extensible Markup Language)

- Descripción: CXML es otro estándar basado en XML, diseñado específicamente para facilitar la comunicación de datos en transacciones de comercio electrónico, como la facturación electrónica, los pedidos y los catálogos de productos.
- Objetivo: Simplificar y automatizar el intercambio de información comercial entre compradores y proveedores, mejorando la eficiencia y reduciendo los errores en las transacciones de comercio electrónico.
- Implementación: CXML se utiliza comúnmente en entornos de e-procurement y sistemas de gestión de la cadena de suministro para automatizar los procesos de pedido y facturación. Su estructura y vocabulario específicos para el comercio electrónico facilitan la integración rápida y eficiente entre sistemas de diferentes entidades comerciales.

Adopción y Uso en Facturación Electrónica

Tanto UBL como CXML han sido adoptados ampliamente en diversos sectores y regiones, contribuyendo significativamente a la armonización de las prácticas de facturación electrónica a nivel mundial. Sus beneficios incluyen:

- Interoperabilidad Mejorada: Al proporcionar formatos estandarizados, UBL y CXML permiten que diferentes sistemas empresariales intercambien documentos electrónicos de manera fluida y sin ambigüedades.
- Eficiencia Operativa: La automatización de los procesos de facturación y otros documentos comerciales reduce los tiempos de procesamiento, minimiza los errores y disminuye los costos operativos.
- Flexibilidad y Escalabilidad: La estructura basada en XML de ambas normas ofrece la flexibilidad necesaria para adaptarse a los requisitos específicos de las empresas y escalar según las necesidades de crecimiento.

Desafíos y Consideraciones

A pesar de sus ventajas, la implementación de UBL y CXML puede presentar desafíos, tales como la necesidad de adaptar los sistemas empresariales existentes para soportar estos estándares y la formación del personal en su uso y mantenimiento. Además, es crucial elegir el estándar más adecuado según las necesidades específicas del negocio y el entorno comercial en el que opera.

Las normas UBL y CXML desempeñan un papel fundamental en la estandarización y automatización de la facturación electrónica y otras transacciones comerciales electrónicas. Su adopción contribuye a la eficiencia, la precisión y la interoperabilidad en el comercio electrónico global, permitiendo a las empresas de todos los tamaños participar de manera más efectiva en la economía digital.

3.2. América Latina:

3.2.1. México: Sistema de Administración Tributaria (SAT) y el uso obligatorio de la Factura Electrónica CFDI.

En México, la implementación y uso obligatorio de la Factura Electrónica, conocida como Comprobante Fiscal Digital por Internet (CFDI), es una iniciativa liderada por el Sistema de Administración Tributaria (SAT). Este sistema representa uno de los esfuerzos más avanzados en América Latina para modernizar la administración fiscal y combatir la evasión de impuestos a través de la tecnología.

Objetivos del CFDI

- Transparencia y Control Fiscal: Mejorar el control y la transparencia en las transacciones comerciales, permitiendo un monitoreo en tiempo real por parte del SAT.
- Reducción del Fraude Fiscal: Minimizar las oportunidades de fraude fiscal y evasión de impuestos mediante la trazabilidad y la verificación automática de las transacciones.
- Eficiencia Administrativa: Agilizar los procesos administrativos tanto para las empresas como para la administración tributaria, facilitando el cumplimiento de las obligaciones fiscales.

Características del CFDI

- Estructura Estándar: El CFDI se basa en un formato XML estandarizado que incluye información detallada sobre la transacción, el emisor, el receptor y los datos fiscales relevantes.
- Validación y Certificación: Antes de su emisión, cada CFDI debe ser validado y certificado por un Proveedor Autorizado de Certificación (PAC), que verifica la conformidad de la factura con los requisitos establecidos por el SAT.
- Firma Electrónica Avanzada: Cada CFDI es firmado electrónicamente utilizando la Firma Electrónica Avanzada (FIEL) del emisor, lo que garantiza la autenticidad e integridad del comprobante.
- Timbrado: Una vez validado, el CFDI recibe un "timbre" digital por parte del PAC, que incluye un folio fiscal único y un sello digital del SAT, asegurando su validez oficial.

Implementación y Uso Obligatorio

- Adopción Generalizada: Desde su introducción, el uso de CFDI se ha hecho obligatorio para la mayoría de las transacciones comerciales en

México, abarcando a todas las empresas y profesionales que emiten facturas.

- Versiones Actualizadas: El sistema CFDI ha experimentado varias actualizaciones desde su lanzamiento, con la versión más reciente siendo el CFDI 4.0, que incorpora mejoras en la precisión de la información y en los mecanismos de control.

Beneficios y Desafíos

- Beneficios: La adopción del CFDI ha traído beneficios significativos en términos de eficiencia operativa, reducción del papel, mejoras en la recaudación fiscal y un combate más efectivo contra el fraude fiscal.
- Desafíos: La implementación del CFDI también ha presentado desafíos para algunas empresas, especialmente PYMEs, en términos de adaptación tecnológica y cumplimiento de los nuevos requisitos fiscales.

El sistema CFDI en México es un ejemplo destacado de cómo la tecnología puede ser utilizada para mejorar la administración fiscal y promover el cumplimiento tributario. Su implementación ha establecido un modelo para la facturación electrónica que ha sido observado e imitado por otros países, tanto en América Latina como a nivel mundial, destacando el papel de México como líder en la innovación fiscal digital.

3.2.2. Brasil: Sistema Nota Fiscal Eletrônica (NFe) para la facturación electrónica y su integración con el sistema tributario.

En Brasil, el Sistema Nota Fiscal Eletrônica (NFe) es una iniciativa pionera que transformó el sistema de facturación y la administración tributaria, integrando de manera eficaz la facturación electrónica con el sistema tributario del país. Implementado por el gobierno brasileño, el NFe es un componente clave del Proyecto SPED (Sistema Público de Escrituração Digital), destinado a digitalizar los procesos fiscales y contables.

Objetivos del NFe

- Modernización Fiscal: Digitalizar y automatizar la emisión de facturas, reemplazando los sistemas de facturación en papel por un sistema electrónico unificado.

- Mejora del Control Tributario: Facilitar la supervisión y el control de las transacciones comerciales por parte de las autoridades fiscales, reduciendo la evasión de impuestos.
- Eficiencia Operativa: Agilizar los procesos comerciales y reducir los costos administrativos para las empresas y el gobierno.

Características Principales del NFe

- Formato Estándar: El NFe utiliza un formato XML estandarizado para representar electrónicamente los documentos fiscales relacionados con la circulación de mercancías y la prestación de servicios.
- Autenticación y Autorización: Cada factura electrónica debe ser enviada al sistema de la Secretaría de Hacienda para su validación y autorización antes de ser emitida al receptor, asegurando su validez legal.
- Código de Acceso: Una vez autorizada, la factura electrónica recibe un código único de 44 dígitos que facilita su verificación y consulta en línea.
- Almacenamiento Electrónico: Las empresas están obligadas a almacenar las NFe electrónicamente durante el período de tiempo estipulado por la ley, permitiendo su acceso y verificación por parte de las autoridades fiscales.

Implementación y Uso

- Uso Obligatorio: El uso del NFe es obligatorio para la mayoría de las empresas en Brasil, especialmente aquellas involucradas en la venta de mercancías y la prestación de servicios.
- Amplia Adopción: Desde su implementación, el sistema NFe ha sido adoptado por una amplia gama de sectores y empresas de todos los tamaños, convirtiéndose en una parte integral del paisaje comercial y fiscal brasileño.

Beneficios y Desafíos

- Beneficios: La implementación del NFe ha contribuido significativamente a la transparencia fiscal, la eficiencia administrativa y la reducción de la burocracia, beneficiando tanto a las empresas como al gobierno.

- Desafíos: A pesar de sus ventajas, la adopción del NFe también ha presentado desafíos, especialmente para las pequeñas y medianas empresas que necesitan adaptarse a los requisitos tecnológicos y operativos del sistema.

El sistema Nota Fiscal Eletrônica de Brasil es un ejemplo destacado de cómo la digitalización de la facturación puede transformar la administración tributaria y mejorar la eficiencia de las transacciones comerciales. Su éxito ha servido de modelo para otros países que buscan modernizar sus sistemas fiscales y promover el cumplimiento tributario a través de la tecnología.

3.3. Asia-Pacífico:

3.3.1. Singapur: Adopción de la Iniciativa PEPPOL para la facturación electrónica y su marco normativo.

Singapur ha sido pionero en la región de Asia-Pacífico en adoptar la iniciativa PEPPOL (Pan-European Public Procurement On-Line) para la facturación electrónica, marcando un paso significativo hacia la digitalización de los procesos comerciales y la mejora de la eficiencia en las transacciones entre empresas y con el gobierno.

Objetivos de la Adopción de PEPPOL en Singapur

- Fomentar la Digitalización: Promover la transición de las empresas hacia procesos digitales, facilitando el intercambio electrónico de documentos comerciales de manera eficiente y segura.

- Mejorar la Interoperabilidad: Establecer un sistema que permita a las empresas en Singapur comunicarse y realizar transacciones con socios comerciales tanto a nivel local como internacional, a través de una red común.

- Impulsar la Eficiencia Comercial: Agilizar las operaciones comerciales, reducir los costos administrativos y mejorar la precisión y velocidad de las transacciones comerciales y fiscales.

Características de la Iniciativa PEPPOL en Singapur

- Red PEPPOL: Singapur se ha integrado en la red PEPPOL, lo que permite a las empresas locales enviar y recibir facturas electrónicas y otros documentos comerciales a través de esta red internacional, que conecta a diversos actores del mercado en varios países.

- Estándares PEPPOL: La adopción de los estándares PEPPOL asegura la compatibilidad y la interoperabilidad de los documentos electrónicos, facilitando el comercio transfronterizo y el cumplimiento de las regulaciones internacionales.

- Acceso y Uso Simplificados: Las empresas singapurenses pueden acceder a la red PEPPOL a través de Proveedores de Servicios de Acceso (Access Point Providers) certificados, simplificando el proceso de integración y uso de la facturación electrónica.

Implementación y Marco Normativo

- Autoridad PEPPOL en Singapur: La Autoridad de Infocomm Media Development (IMDA) actúa como la Autoridad PEPPOL en Singapur, encargada de gobernar y facilitar la implementación de la red y los estándares PEPPOL en el país.

- Incentivos y Apoyo: El gobierno de Singapur ha lanzado iniciativas para incentivar la adopción de la facturación electrónica entre las empresas, ofreciendo subvenciones, recursos y asistencia técnica para facilitar la transición digital.

Beneficios y Desafíos

- Beneficios: La adopción de PEPPOL en Singapur ha mejorado significativamente la eficiencia en las transacciones comerciales, reduciendo los retrasos y los errores asociados con la facturación en papel y potenciando el comercio internacional.

- Desafíos: A pesar de los claros beneficios, la transición a la facturación electrónica y la adopción de estándares PEPPOL también presentan desafíos en términos de adaptación tecnológica y capacitación para algunas empresas.

La adopción de la iniciativa PEPPOL por parte de Singapur demuestra el compromiso del país con la digitalización de su economía y el fortalecimiento de su posición como hub comercial y tecnológico en Asia-Pacífico. Esta iniciativa no solo beneficia a las empresas locales, mejorando su eficiencia y conectividad, sino que también facilita su integración en la economía digital global, abriendo nuevas oportunidades de negocio en la región y más allá.

3.3.2. China: Normativas del sistema Golden Tax para la administración de facturas electrónicas.

El sistema Golden Tax de China es una parte integral de la infraestructura fiscal del país, diseñado para administrar y controlar la emisión de facturas y la recaudación del Impuesto al Valor Agregado (IVA). Este sistema se ha desarrollado y evolucionado a lo largo de los años, incorporando tecnologías avanzadas para mejorar la eficiencia y combatir la evasión fiscal. Con la adopción de la facturación electrónica, el sistema Golden Tax ha adaptado sus normativas para facilitar su implementación y asegurar su conformidad con los requisitos fiscales del país.

Objetivos del Sistema Golden Tax

- Control Fiscal: Fortalecer el control y la supervisión de las transacciones comerciales y la recaudación del IVA, asegurando la transparencia y el cumplimiento de las obligaciones fiscales.
- Modernización Tributaria: Modernizar el sistema tributario mediante la digitalización de los procesos fiscales, mejorando la eficiencia administrativa tanto para las empresas como para la autoridad fiscal.

- Prevención del Fraude: Reducir la evasión y el fraude fiscales mediante un sistema seguro y verificable de emisión de facturas electrónicas.

Características del Sistema Golden Tax para Facturas Electrónicas

- Facturas Fiscales Electrónicas (Fapiao): En China, las facturas se conocen como "Fapiao", que son documentos oficiales utilizados para la administración fiscal. El sistema permite la emisión de Fapiao electrónicos, que tienen la misma validez legal que los Fapiao en papel.
- Certificación y Autorización: Las facturas electrónicas deben ser emitidas a través de plataformas autorizadas y certificadas por la Administración Estatal de Impuestos, asegurando su autenticidad y conformidad con las normativas fiscales.
- Código QR y Verificación: Las facturas electrónicas incluyen un código QR único para facilitar su verificación y rastreo, permitiendo a las autoridades fiscales y a los receptores verificar la autenticidad y los detalles de la factura de manera eficiente.

Implementación y Uso

- Adopción Obligatoria: La emisión de Fapiao electrónicos se ha vuelto obligatoria para ciertos sectores y regiones, con planes de expandir su uso obligatorio a más áreas y sectores en el futuro.
- Plataformas Tecnológicas: Se han desarrollado e implementado plataformas tecnológicas avanzadas para facilitar la emisión, gestión y almacenamiento de Fapiao electrónicos, integrándose con el sistema Golden Tax.

Beneficios y Desafíos

- Beneficios: La adopción de facturas electrónicas dentro del sistema Golden Tax ha mejorado significativamente la eficiencia en la gestión de facturas, la recaudación de impuestos y la prevención del fraude fiscal.
- Desafíos: La transición a la facturación electrónica y la integración con el sistema Golden Tax presentan desafíos tecnológicos y operativos para algunas empresas, especialmente en términos de adaptación a los

requisitos del sistema y la capacitación del personal.

El sistema Golden Tax y su adaptación para la administración de facturas electrónicas reflejan el compromiso de China con la modernización de su sistema fiscal y la promoción de la economía digital. A través de la implementación de normativas específicas para la facturación electrónica, China busca mejorar la transparencia fiscal, aumentar la eficiencia administrativa y fortalecer el cumplimiento tributario, contribuyendo al desarrollo sostenible de su economía.

Resumen

El contenido aborda la normativa sobre facturación electrónica, destacando su importancia en la regulación de la emisión, transmisión, recepción y conservación de facturas electrónicas. Estas normativas buscan asegurar la autenticidad, integridad y legibilidad de las facturas, facilitar transacciones comerciales, mejorar la gestión contable y fortalecer el control fiscal. Se menciona la Directiva 2014/55/UE de la Unión Europea como un marco legal relevante, y se destacan iniciativas como el Suministro Inmediato de Información (SII) en España, que agiliza la comunicación de facturas a la Agencia Tributaria.

A nivel nacional, se detalla la Ley 56/2007 de Medidas de Impulso de la Sociedad de la Información (LISI) en España, que introdujo la facturación electrónica, estableciendo requisitos para su validez legal y tributaria. El Real Decreto 1619/2012 es discutido como regulación clave que detalla los requisitos de las facturas, incluidas las electrónicas, y sus condiciones de conservación.

Por último, se examina el Sistema de Suministro Inmediato de Información (SII), una iniciativa para la gestión del IVA que requiere el envío electrónico de detalles de facturas casi en tiempo real, destacando sus objetivos, requisitos, funcionamiento y beneficios, así como los desafíos que implica para las empresas.

La sección 6.2 aborda la normativa europea en facturación electrónica, centrándose en la Directiva 2014/55/UE, la Norma EN 16931 y las implicaciones del Reglamento General de Protección de Datos (GDPR) en la facturación electrónica.

La Directiva 2014/55/UE establece la obligación para los estados miembros de la UE de adoptar la facturación electrónica en la contratación pública, con el objetivo de mejorar la eficiencia, la transparencia y la interoperabilidad en los procesos de contratación pública a través de un estándar común europeo. Los estados miembros debían incorporar esta directiva a su legislación nacional para noviembre de 2018, apoyando a las entidades públicas y proveedores en la implementación de la facturación electrónica.

La Norma EN 16931 define un modelo semántico de datos para asegurar la interoperabilidad de las facturas electrónicas dentro de la UE, facilitando el comercio transfronterizo y la eficiencia en el mercado único digital. Esta norma es obligatoria para las entidades públicas de los Estados miembros y se promueve entre las empresas privadas para una adopción más amplia de la facturación electrónica interoperable.

El GDPR, aunque no específico de la facturación electrónica, tiene implicaciones importantes para la gestión de facturas electrónicas que contienen datos personales, exigiendo el cumplimiento de principios como el consentimiento válido, la seguridad de los datos, la transparencia, el derecho de acceso y la limitación en la retención de datos. Las empresas deben ajustar sus políticas y procedimientos de facturación electrónica para asegurar la protección de los datos personales.

En conjunto, estas regulaciones forman un marco normativo que busca estandarizar y facilitar la facturación electrónica en la UE, promoviendo la eficiencia y la interoperabilidad, al tiempo que garantizan la protección de los datos personales en el proceso.

La sección 6.3 aborda las principales normativas de facturación electrónica a nivel mundial, destacando las iniciativas y regulaciones en Estados Unidos, América Latina, y la región de Asia-Pacífico.

En Estados Unidos, la Ley Sarbanes-Oxley (SOX) establece requisitos rigurosos para la gestión de la información financiera, incluida la facturación electrónica, enfocándose en la transparencia, los controles internos, y la responsabilidad de la dirección en los reportes financieros. Aunque no se dirige específicamente a la facturación electrónica, SOX incide en la integridad de los datos y la conservación de registros, afectando cómo las empresas deben manejar sus facturas electrónicas.

A nivel internacional, las normas UBL (Universal Business Language) y CXML (Commerce Extensible Markup Language) facilitan el intercambio electrónico de documentos comerciales, incluidas las facturas electrónicas, promoviendo la interoperabilidad y eficiencia operativa a través de formatos estandarizados.

En América Latina, México y Brasil son destacados por sus avanzados sistemas de facturación electrónica. México con su sistema CFDI (Comprobante Fiscal Digital por Internet) liderado por el SAT (Sistema de Administración Tributaria), y Brasil con su sistema Nota Fiscal Eletrônica (NFe) como parte del Proyecto SPED, ambos buscando mejorar la transparencia fiscal, la eficiencia administrativa y la lucha contra el fraude fiscal.

En la región de Asia-Pacífico, Singapur adopta la iniciativa PEPPOL para promover la digitalización y la interoperabilidad en las transacciones comerciales, mientras que China implementa su sistema Golden Tax, enfocándose en la administración y control de las facturas electrónicas para mejorar la recaudación del IVA y combatir el fraude fiscal.

Estas iniciativas reflejan un esfuerzo global hacia la estandarización y digitalización de la facturación, buscando mejorar la eficiencia, la transparencia y el cumplimiento fiscal a través de la adopción de tecnologías avanzadas en la gestión de facturas electrónicas.

MÓDULO

3. Implementación y Estrategias

Contenido del Módulo

ICB
EDITORES

UNIDAD

3.1. Iniciativas Nacionales y Europeas en el Sector Público y Privado

Contenido de la Unidad

ICB
EDITORES

1. Estrategias de Digitalización en la Unión Europea

Descripción de las políticas y programas clave de la UE destinados a promover la digitalización y la transformación digital en los Estados miembros, con un enfoque en la mejora de la eficiencia y la innovación en el sector público y privado.

La Unión Europea ha sido pionera en adoptar y promover estrategias de digitalización destinadas a transformar tanto el sector público como el privado. A través de diversas políticas y programas, la UE busca fomentar la innovación, mejorar la eficiencia y fortalecer la competitividad de su economía en el escenario global digital. Estas iniciativas se centran en varios aspectos clave, incluyendo la infraestructura digital, la ciberseguridad, la educación digital, y la integración de tecnologías avanzadas en los procesos empresariales y administrativos.

Mercado Único Digital

Uno de los pilares de la estrategia de digitalización de la UE es la creación de un Mercado Único Digital, cuyo objetivo es eliminar las barreras reglamentarias que fragmentan el mercado interno y permitir que personas y empresas utilicen y ofrezcan productos y servicios digitales más allá de las fronteras nacionales. Esto incluye:

- Regulaciones Armonizadas: Establecer un marco regulatorio coherente para el comercio electrónico, los servicios de medios audiovisuales, y la protección de datos personales y privacidad.
- Fomento del Comercio Electrónico: Facilitar el comercio electrónico transfronterizo mediante la simplificación de las reglas del IVA para las ventas en línea y la eliminación del geo-bloqueo injustificado.

Programa Europa Digital

El Programa Europa Digital es una iniciativa diseñada para acelerar la recuperación económica y promover la soberanía digital de Europa. Se enfoca en áreas críticas como:

- Alta Capacidad de Datos e Infraestructura de Computación: Invertir en supercomputación y procesamiento de datos para apoyar la investigación y la innovación.
- Inteligencia Artificial: Desarrollar y adoptar capacidades de IA éticas y seguras que respeten los derechos fundamentales.
- Ciberseguridad: Mejorar la ciberresiliencia y la capacidad de respuesta a las ciberamenazas a nivel de la UE y de los Estados miembros.

Estrategia de Datos de la UE

La Estrategia de Datos tiene como objetivo hacer que el mercado único de datos funcione de manera más eficiente, permitiendo que los datos fluyan libremente dentro de la UE y entre sectores para el beneficio de las empresas, investigadores y administraciones públicas. Se centra en:

- Espacios de Datos Comunes: Crear espacios europeos de datos en sectores clave como la salud, el medio ambiente y la energía, para facilitar el acceso seguro y el intercambio de datos.
- Gobernanza de Datos: Establecer normas claras sobre el acceso y el uso de datos, respetando la privacidad, la protección de datos personales y los derechos de propiedad intelectual.

Impacto y Beneficios

Las estrategias de digitalización de la UE están diseñadas para aprovechar las oportunidades que brinda la era digital, abordando al mismo tiempo los desafíos que plantea. Al promover la adopción de tecnologías digitales y mejorar las habilidades digitales, la UE busca impulsar la innovación y la competitividad de sus industrias y mejorar la calidad de los servicios públicos, contribuyendo a un crecimiento económico sostenible e inclusivo.

La Unión Europea, mediante sus estrategias de digitalización, está estableciendo un modelo para la transformación digital que no solo impulsa el crecimiento económico y la competitividad, sino que también asegura que este progreso se realice de manera inclusiva y sostenible, beneficiando a toda la sociedad.

Ejemplos destacados de iniciativas, como el Mercado Único Digital, el Programa Europa Digital y la estrategia de datos de la UE, que buscan potenciar la economía digital y la sociedad de la información en Europa.

Las iniciativas de la Unión Europea en el ámbito digital están diseñadas para potenciar la economía digital y transformar la sociedad de la información en el continente. A continuación, se destacan algunos ejemplos concretos de estas iniciativas:

Mercado Único Digital

Una de las iniciativas más ambiciosas de la UE es la creación del Mercado Único Digital, cuyo objetivo es abrir las fronteras digitales y garantizar un acceso libre y justo al mercado online para todas las empresas y consumidores europeos. Ejemplos destacados incluyen:

- Eliminación del Roaming: La UE ha abolido los cargos por roaming para los usuarios de teléfonos móviles dentro de la UE, lo que permite a los ciudadanos usar sus móviles en otros países de la UE sin costes adicionales.
- Regulación de Geo-Blocking: Se han implementado reglas para poner fin al geo-bloqueo injustificado, permitiendo a los consumidores acceder a bienes y servicios en línea en toda la UE sin ser discriminados por su nacionalidad o lugar de residencia.
- Portabilidad de Contenidos Digitales: Los ciudadanos de la UE pueden acceder a sus servicios de contenido en línea, como Netflix o Spotify, mientras viajan a otros países de la UE con las mismas condiciones disponibles en su país de origen.

Programa Europa Digital

El Programa Europa Digital busca consolidar la soberanía digital de Europa y acelerar la recuperación económica mediante inversiones significativas en áreas críticas de la tecnología digital. Ejemplos de proyectos bajo este programa incluyen:

- Redes de Supercomputación: La UE está invirtiendo en el desarrollo de una infraestructura de supercomputación de clase mundial, con proyectos como EuroHPC, que busca desarrollar supercomputadoras para procesar grandes volúmenes de datos y apoyar la investigación científica.

- Inteligencia Artificial: Se están estableciendo y financiando centros de excelencia en IA en toda Europa para desarrollar capacidades avanzadas en inteligencia artificial y promover su aplicación ética y segura en sectores clave como la salud y el transporte.

- Ciberseguridad: Se están fortaleciendo las capacidades de ciberseguridad de la UE a través de la Red de Competencias en Ciberseguridad y el Centro de Competencia en Ciberseguridad Industrial, Energética y Tecnológica para proteger la economía digital europea.

Estrategia de Datos de la UE

La Estrategia de Datos de la UE tiene como objetivo crear un espacio único europeo de datos que facilite el acceso, el uso y el intercambio de datos, respetando las normativas de protección de datos y privacidad. Algunas iniciativas clave son:

- Espacios Europeos de Datos: Se están desarrollando espacios de datos comunes en áreas como la salud, la energía y la agricultura para facilitar el intercambio seguro y eficiente de datos, impulsando la innovación y la toma de decisiones basada en datos.

- Acto de Gobernanza de Datos: Propuesta legislativa que busca fomentar la disponibilidad de datos para su uso y reutilización, estableciendo mecanismos para el intercambio de datos entre empresas y entre empresas y gobiernos, respetando siempre la privacidad y la seguridad.

Estas iniciativas demuestran el compromiso de la UE con la promoción de un entorno digital inclusivo y competitivo que beneficie tanto a los ciudadanos como a las empresas, asegurando que Europa se mantenga a la vanguardia de la transformación digital global.

2. Iniciativas Nacionales de Facturación Electrónica y Transformación Digital

Análisis de cómo distintos países europeos han implementado sus propias iniciativas para la adopción de la facturación electrónica y la transformación digital, destacando ejemplos específicos de legislaciones nacionales, programas de apoyo y plataformas tecnológicas desarrolladas para facilitar la transición digital en los sectores público y privado.

La transformación digital y la adopción de la facturación electrónica son prioritarias en Europa, con varios países implementando iniciativas nacionales que complementan las estrategias de la Unión Europea. Estos esfuerzos nacionales varían en enfoque y alcance, reflejando las necesidades y capacidades específicas de cada país. A continuación, se presentan ejemplos destacados de algunas iniciativas nacionales en Europa:

Italia: Sistema di Interscambio (SdI)

- Descripción: Italia ha sido pionera en la implementación obligatoria de la facturación electrónica para todas las transacciones entre empresas (B2B) y entre empresas y consumidores (B2C), además de las transacciones con el sector público (B2G), a través del Sistema di Interscambio (SdI).
- Impacto: Esta medida ha simplificado significativamente el proceso de facturación, mejorado la eficiencia y reducido la evasión fiscal, estableciendo un modelo que otros países europeos están comenzando a seguir.

España: Sistema de Suministro Inmediato de Información (SII)

- Descripción: España ha introducido el SII, que requiere que las empresas reporten los detalles de sus facturas a la Agencia Tributaria en tiempo casi real. Aunque no es un sistema de facturación electrónica per se, mejora significativamente la transparencia y eficiencia en el reporte de transacciones.
- Impacto: El SII ha permitido una mayor agilidad en la gestión del IVA, mejorando el control fiscal y reduciendo los tiempos de respuesta para las devoluciones de impuestos.

Francia: Chorus Pro

- Descripción: Francia ha implementado Chorus Pro, una plataforma que permite a los proveedores de servicios y bienes enviar facturas electrónicas a entidades públicas. Aunque inicialmente se centró en las transacciones B2G, hay planes para expandir su uso a todas las transacciones comerciales para 2023.
- Impacto: Chorus Pro ha facilitado la transición hacia la facturación electrónica en el sector público, mejorando la eficiencia y reduciendo los plazos de pago.

Alemania: XRechnung

- Descripción: Alemania ha adoptado el estándar XRechnung para las facturas electrónicas en el sector público, en línea con la Directiva 2014/55/UE de la UE. XRechnung define una estructura de factura electrónica que facilita la interoperabilidad y el procesamiento automático.
- Impacto: La implementación de XRechnung está mejorando la eficiencia de la contratación pública y fomentando la adopción de la facturación electrónica en el sector privado.

Programas de Apoyo y Desarrollo Tecnológico

Además de estas iniciativas específicas, muchos países europeos han lanzado programas de apoyo para ayudar a las empresas, especialmente a las PYMEs, en su transición digital. Esto incluye subvenciones, formación y recursos para la adopción de nuevas tecnologías, la digitalización de procesos y la implementación de soluciones de facturación electrónica.

Las iniciativas nacionales en Europa reflejan un compromiso compartido con la digitalización y la modernización de la economía, pero también destacan la diversidad de enfoques adaptados a los contextos locales. A través de la legislación, las plataformas tecnológicas y los programas de apoyo, los países europeos están sentando las bases para una economía digital más integrada, eficiente y transparente.

Discusión sobre la colaboración y la armonización entre las iniciativas nacionales y las políticas europeas, asegurando la cohesión y la interoperabilidad a lo largo de la UE.

La colaboración y armonización entre las iniciativas nacionales y las políticas europeas son fundamentales para lograr una verdadera transformación digital en la Unión Europea. Esta sinergia es esencial para asegurar la cohesión y la interoperabilidad entre los Estados miembros, permitiendo que la economía digital europea prospere como un todo coherente y eficiente. La discusión sobre esta colaboración abarca varios aspectos clave:

Establecimiento de Estándares Comunes

- Interoperabilidad: La UE promueve la adopción de estándares técnicos comunes, como la Norma EN 16931 para la facturación electrónica, para asegurar la interoperabilidad entre sistemas a lo largo de los Estados miembros. Esto permite que las empresas operen más fácilmente a través de fronteras, facilitando el comercio y la prestación de servicios en el mercado único digital.

- Armonización de Legislaciones: La UE trabaja con los Estados miembros para armonizar las legislaciones nacionales con las directrices europeas, como se ve en la implementación de la Directiva 2014/55/UE sobre la facturación electrónica en la contratación pública. Esta armonización ayuda a minimizar las barreras legales y técnicas para las empresas y mejora la eficiencia de los procesos administrativos.

Fomento de la Innovación y la Adopción Tecnológica

- Programas de Apoyo: La UE y los Estados miembros ofrecen programas de financiamiento y apoyo, como el Programa Europa Digital, para fomentar la innovación y la adopción de nuevas tecnologías en sectores clave. Esto incluye la promoción de la inteligencia artificial, la computación en la nube y la ciberseguridad, entre otros.

- Colaboración en I+D: Existen iniciativas conjuntas de investigación y desarrollo que buscan avanzar en la tecnología digital y su aplicación práctica en la economía y la sociedad. Estos proyectos colaborativos reúnen a entidades públicas, empresas privadas y centros académicos para impulsar la innovación.

Promoción de la Inclusión Digital

Capacitación y Educación: La UE enfatiza la importancia de la capacitación y la educación digital para todos los ciudadanos, buscando cerrar la brecha digital y asegurar que nadie quede atrás en la transición hacia una sociedad digital. Los Estados miembros implementan programas educativos y de formación que complementan las iniciativas europeas, como el Plan de Acción de Educación Digital.

Accesibilidad: Se promueven esfuerzos para mejorar la accesibilidad de las tecnologías digitales, asegurando que personas con discapacidades puedan participar plenamente en la sociedad digital.

Desafíos de la Colaboración

- Diversidad de Implementación: Uno de los desafíos principales es la variabilidad en la velocidad y el modo de implementación de las directrices europeas en las legislaciones nacionales, lo que puede llevar a diferencias en la adopción tecnológica entre países.

- Coordinación de Políticas: La coordinación efectiva de políticas entre diferentes niveles de gobierno y sectores puede ser compleja, pero es esencial para garantizar una implementación cohesiva de las iniciativas digitales.

La colaboración y armonización entre las iniciativas nacionales y las políticas europeas son esenciales para construir un espacio digital europeo integrado y funcional. A través de la estandarización, el apoyo a la innovación, la inclusión digital y la coordinación de políticas, la UE y sus Estados miembros están trabajando juntos para superar los desafíos y aprovechar las oportunidades de la transformación digital, promoviendo un crecimiento sostenible y una mayor competitividad en la era digital.

3. Casos de Éxito y Desafíos en la Implementación

Presentación de casos de éxito donde las iniciativas de digitalización han llevado a mejoras significativas en la eficiencia, la transparencia y la innovación, tanto en el sector público como en el privado.

La transformación digital en Europa ha sido testigo de numerosos casos de éxito, demostrando cómo las iniciativas de digitalización pueden conducir a mejoras significativas en eficiencia, transparencia e innovación. Estos casos abarcan una amplia gama de sectores y contextos, ofreciendo valiosas lecciones sobre los beneficios y los desafíos de la implementación de tecnologías digitales.

Casos de Éxito en la Implementación

- **Estonia: Un Modelo de Gobierno Digital**
  - Descripción: Estonia se ha establecido como un líder mundial en gobierno digital, con casi todos los servicios gubernamentales disponibles en línea 24/7.
  - Impacto: La digitalización ha mejorado notablemente la eficiencia de los servicios públicos, reduciendo significativamente la burocracia y los costos administrativos. La iniciativa e-Residency es un ejemplo de innovación que permite a empresarios globales iniciar y gestionar negocios basados en la UE de forma remota.
  -
- Sistema de Salud Digital de Dinamarca
  - Descripción: Dinamarca ha implementado un sistema de salud digital integrado, que incluye registros médicos electrónicos accesibles por todos los profesionales de la salud, lo que mejora la coordinación y la

calidad de la atención.

- ⇨ Impacto: La digitalización del sistema de salud ha llevado a una mejor atención al paciente, reducción de errores médicos y eficiencias operativas, destacando la importancia de la interoperabilidad de datos en el sector salud.

♦ Plataforma de Facturación Electrónica Chorus Pro en Francia

- ⇨ Descripción: Francia ha implementado Chorus Pro, una plataforma que facilita la emisión y gestión de facturas electrónicas entre proveedores y entidades gubernamentales.
- ⇨ Impacto: La plataforma ha mejorado la eficiencia de la contratación pública, acelerado los tiempos de pago y aumentado la transparencia en las transacciones comerciales con el sector público.

Desafíos en la Implementación

A pesar de estos éxitos, la implementación de iniciativas de digitalización enfrenta varios desafíos, como:

♦ Brecha Digital y Desigualdad

- ⇨ Descripción: La transición digital puede ampliar la brecha entre aquellos que tienen acceso y habilidades digitales y aquellos que no, especialmente en regiones menos desarrolladas o entre grupos de población más vulnerables.
- ⇨ Soluciones: Programas de inclusión digital y capacitación son esenciales para garantizar que todos los ciudadanos y empresas puedan beneficiarse de la digitalización.

♦ Ciberseguridad y Protección de Datos

- ⇨ Descripción: La creciente dependencia de los sistemas digitales eleva el riesgo de ciberataques y plantea desafíos en términos de protección de datos personales y empresariales.
- ⇨ Soluciones: Inversiones continuas en ciberseguridad y cumplimiento de normativas de protección de datos, como el GDPR, son cruciales

para mitigar estos riesgos.

- Interoperabilidad y Estándares
  - ⇨ Descripción: La falta de interoperabilidad entre sistemas y la ausencia de estándares comunes pueden obstaculizar la integración eficaz de soluciones digitales.
  - ⇨ Soluciones: La colaboración entre gobiernos, industria y organizaciones internacionales para desarrollar y adoptar estándares abiertos es fundamental para superar estos obstáculos.

Los casos de éxito en la digitalización en Europa demuestran el potencial de la tecnología para transformar el sector público y privado, ofreciendo lecciones valiosas sobre cómo abordar los desafíos asociados. A través de la colaboración, la inversión en habilidades digitales y la implementación de políticas de ciberseguridad y protección de datos, Europa continúa avanzando hacia una sociedad y economía plenamente digitalizadas.

Análisis de los desafíos enfrentados durante la implementación de estas iniciativas, incluyendo aspectos técnicos, regulatorios y de adaptación por parte de las empresas y las administraciones públicas, y cómo se han superado estos obstáculos.

La implementación de iniciativas de digitalización en Europa ha enfrentado diversos desafíos, desde aspectos técnicos y regulatorios hasta la adaptación por parte de empresas y administraciones públicas. A continuación, se analizan estos desafíos y las estrategias empleadas para superarlos:

- Desafíos Técnicos
  - Interoperabilidad de Sistemas: La falta de compatibilidad entre diferentes sistemas y tecnologías puede obstaculizar la eficacia de las iniciativas de digitalización. Superar este desafío ha requerido el desarrollo de estándares abiertos y protocolos comunes que aseguren la interoperabilidad entre sistemas.
  - Seguridad y Privacidad de Datos: La protección de datos sensibles y la garantía de ciberseguridad son preocupaciones primordiales. Para abordarlas, se han implementado marcos regulatorios robustos como el GDPR y se han fortalecido las infraestructuras de ciberseguridad.
- Desafíos Regulatorios
  - Armonización de la Legislación: La diversidad de regímenes legales y fiscales en los Estados miembros de la UE ha presentado desafíos para la implementación uniforme de iniciativas digitales. La UE ha trabajado en la armonización de las leyes a través de directivas y regulaciones, aunque la transposición a la legislación nacional puede variar.
  - Cumplimiento y Estándares: Asegurar que las nuevas tecnologías y procesos cumplan con las normativas existentes y futuras es un desafío constante. La colaboración entre los reguladores, la industria

y los expertos técnicos ha sido clave para desarrollar estándares que cumplan con las exigencias regulatorias y fomenten la innovación.

- Desafíos de Adaptación
  - Cambio Cultural en las Organizaciones: La transformación digital requiere un cambio en la cultura organizacional tanto en el sector público como en el privado. Para facilitar este cambio, se han implementado programas de capacitación y desarrollo de habilidades, promoviendo una mentalidad digital y la adopción de nuevas formas de trabajo.
  - Inversión y Financiación: La inversión inicial necesaria para la digitalización puede ser un obstáculo, especialmente para las PYMEs y las administraciones locales con recursos limitados. La UE y los gobiernos nacionales han proporcionado financiación y subvenciones para apoyar la transición digital.
- Estrategias de Superación
  - Colaboración y Diálogo: La colaboración entre diferentes niveles de gobierno, la industria y la sociedad civil ha sido fundamental para abordar los desafíos de la digitalización. Los foros de diálogo y las plataformas de colaboración han facilitado el intercambio de conocimientos y mejores prácticas.
  - Flexibilidad y Enfoque Gradual: Adoptar un enfoque gradual y flexible hacia la digitalización, permitiendo la experimentación y la adaptación a las condiciones locales, ha ayudado a superar la resistencia al cambio y a integrar soluciones digitales de manera efectiva.
  - Fomento de la Innovación: Crear entornos que fomenten la innovación, a través de incubadoras, aceleradoras y partenariados público-privados, ha impulsado el desarrollo de soluciones tecnológicas que abordan los desafíos específicos de la digitalización.

Los desafíos enfrentados durante la implementación de iniciativas de digitalización son significativos, pero con estrategias adecuadas, colaboración y un compromiso con la mejora continua, estos obstáculos pueden ser superados. Las experiencias en Europa demuestran que, a pesar de las dificultades, la transformación digital ofrece beneficios sustanciales para la sociedad, la economía y la administración pública.

Resumen

La sección 7 del contenido se centra en las iniciativas nacionales y europeas en el ámbito de la digitalización, tanto en el sector público como en el privado, abarcando estrategias de la Unión Europea, iniciativas nacionales de facturación electrónica y transformación digital, casos de éxito y los desafíos en la implementación.

- 7.1 Estrategias de Digitalización en la Unión Europea

La Unión Europea promueve activamente la digitalización a través de políticas y programas que buscan mejorar la eficiencia y fomentar la innovación. Iniciativas clave incluyen el Mercado Único Digital, que elimina barreras reglamentarias para facilitar el comercio y los servicios digitales; el Programa Europa Digital, que invierte en infraestructura de datos, inteligencia artificial y ciberseguridad; y la Estrategia de Datos de la UE, destinada a promover el uso y el intercambio de datos dentro de un marco ético y seguro.

- 7.2 Iniciativas Nacionales de Facturación Electrónica y Transformación Digital

Diversos países europeos han adoptado iniciativas propias para complementar las estrategias de la UE, adaptándose a sus contextos específicos. Ejemplos notables incluyen el Sistema di Interscambio (SdI) en Italia para la facturación electrónica obligatoria, el Sistema de Suministro Inmediato de Información (SII) en España para el reporte en tiempo casi real de facturas, Chorus Pro en Francia para transacciones B2G y la adopción de XRechnung en Alemania para estandarizar las facturas electrónicas en el sector público.

- 7.3 Casos de Éxito y Desafíos en la Implementación

Se presentan varios casos de éxito que ilustran los beneficios tangibles de la digitalización, como la mejora de la eficiencia en los servicios públicos en Estonia, la innovación en el sistema de salud danés y la eficiencia en la contratación pública a través de Chorus Pro en Francia. Sin embargo, la implementación de estas iniciativas digitales también enfrenta desafíos, incluyendo la interoperabilidad de sistemas, la seguridad y privacidad de datos, y la necesidad de un cambio cultural en organizaciones. Estos obstáculos se han abordado mediante la colaboración, la flexibilidad en la implementación y el fomento de la innovación.

En conjunto, la sección destaca el compromiso de Europa con la transformación digital, mostrando un enfoque multifacético que incluye la colaboración entre iniciativas nacionales y políticas de la UE, el apoyo a la innovación y la inclusión digital, y estrategias para superar los desafíos técnicos y regulatorios.

UNIDAD

3.2. Formatos de Factura Electrónica

Contenido de la Unidad

- Tipos de Facturas
- Formatos de factura
- Escenarios de emisión y recepción de facturas telemáticas
- Resumen

ICB
EDITORES

1. Tipos de Facturas

En el ámbito de la facturación, existen diversos tipos de facturas que se utilizan según la naturaleza de la transacción comercial, los requisitos legales, y las necesidades específicas de las partes involucradas. La facturación electrónica abarca estos mismos tipos, adaptándolos al formato digital. A continuación, se describen algunos de los tipos de facturas más comunes:

1. Factura Ordinaria

   ⇨ Descripción: Es el tipo más común de factura, que documenta una venta o prestación de servicios.

   ⇨ Uso: Utilizada en la mayoría de las transacciones comerciales entre empresas y entre empresas y consumidores.

2. Factura Proforma

   ⇨ Descripción: Es un documento que simula una factura real, pero no tiene valor fiscal. Suele utilizarse como un compromiso de venta o para detallar una oferta.

   ⇨ Uso: Común en transacciones internacionales para mostrar a los clientes potenciales los términos de venta sin implicar una obligación contractual.

3. Factura Rectificativa

   ⇨ Descripción: Utilizada para corregir errores o realizar ajustes en facturas emitidas previamente.

   ⇨ Uso: Necesaria cuando hay errores en la facturación original o para ajustar cantidades, precios, o aplicar descuentos y devoluciones.

4. Factura Simplificada

   ⇨ Descripción: Es una versión reducida de la factura ordinaria, con requisitos de información menos estrictos.

   ⇨ Uso: A menudo utilizada en ventas al por menor o en transacciones que no superan ciertos umbrales de importe, según la legislación local.

5. Factura de Anticipo

   ⇨ Descripción: Documenta el pago anticipado por bienes o servicios antes de su entrega o prestación completa.

   ⇨ Uso: Utilizada cuando se requiere un pago por adelantado, como en la fabricación a medida o en servicios que implican la reserva de recursos.

6. Factura Electrónica

   ⇨ Descripción: Es una factura que se emite y recibe en formato electrónico, cumpliendo con los mismos requisitos legales que la factura en papel.

   ⇨ Uso: Aplicable a cualquier tipo de transacción comercial donde las partes acuerden su uso, siendo cada vez más común debido a sus ventajas en eficiencia y sostenibilidad.

7. Factura Recurrente

   ⇨ Descripción: Para transacciones periódicas con los mismos términos, como suscripciones o servicios continuos.

   ⇨ Uso: Adecuada para negocios que cobran por sus servicios en un ciclo regular, como mensualidades de software o servicios de mantenimiento.

8. Factura de Crédito

   ⇨ Descripción: Específica para transacciones comerciales que implican términos de crédito o financiación.

   ⇨ Uso: Utilizada en situaciones donde el pago se aplaza según un acuerdo de crédito entre el emisor y el receptor.

Cada tipo de factura tiene un propósito y aplicaciones específicas, y la elección del tipo correcto depende de la transacción específica, los requisitos legales y las prácticas comerciales de las partes involucradas. Con la adopción de la facturación electrónica, estos tipos de facturas se han adaptado al entorno digital, manteniendo sus características fundamentales mientras aprovechan las ventajas de la digitalización.

2. Formatos de factura

Los formatos de factura se refieren a las especificaciones técnicas utilizadas para estructurar y presentar los datos en una factura electrónica. Estos formatos aseguran que la información sea legible tanto para las personas como para los sistemas informáticos, facilitando el procesamiento automático, el intercambio entre diferentes sistemas y el cumplimiento de las regulaciones fiscales. Existen varios formatos estándar de factura electrónica, cada uno con sus propias características y áreas de adopción. Algunos de los más comunes incluyen:

1. Facturae

    ⇨ Descripción: Es el formato estándar para la facturación electrónica en España, promovido por la Administración Pública.

    ⇨ Estructura: Basado en XML, está diseñado específicamente para cumplir con los requisitos legales y fiscales españoles.

2. UBL (Universal Business Language)

    ⇨ Descripción: Desarrollado por OASIS, es un estándar internacional que define una biblioteca de documentos de negocio electrónicos, incluyendo facturas.

    ⇨ Estructura: Utiliza XML para estructurar los datos, permitiendo la interoperabilidad entre diferentes sistemas empresariales y gubernamentales a nivel global.

3. EDIFACT (Electronic Data Interchange for Administration, Commerce and Transport)

    ⇨ Descripción: Es un estándar internacional para el intercambio electrónico de datos en transacciones comerciales, incluyendo facturas.

    ⇨ Estructura: Su sintaxis es más compleja que XML y se utiliza ampliamente en sectores como el transporte, la logística y el comercio internacional.

4. PDF/A

⇨ Descripción: Es una variante del formato PDF diseñada para el almacenamiento a largo plazo de documentos electrónicos, incluyendo facturas.

⇨ Estructura: Asegura que el documento sea autocontenido, preservando todos los elementos necesarios para su visualización futura sin depender de fuentes externas.

5. ANSI X12

⇨ Descripción: Específicamente utilizado en Estados Unidos, es un conjunto de estándares para el intercambio electrónico de documentos en transacciones comerciales.

⇨ Estructura: Similar a EDIFACT en complejidad y aplicación, es ampliamente utilizado en América del Norte para diversos tipos de transacciones comerciales.

6. ZUGFeRD / Factur-X

⇨ Descripción: Un formato híbrido que combina PDF y XML, utilizado principalmente en Alemania y Francia, respectivamente.

⇨ Estructura: Integra un archivo XML legible por máquina dentro de un PDF, permitiendo tanto la legibilidad humana como el procesamiento automático.

7. PEPPOL BIS

⇨ Descripción: Parte de la infraestructura PEPPOL, este formato está diseñado para la contratación pública y el intercambio de documentos comerciales en Europa.

⇨ Estructura: Basado en UBL, facilita la interoperabilidad entre diferentes sistemas gubernamentales y empresariales en el mercado europeo.

Consideraciones para la Elección del Formato

- Cumplimiento Legal: Elegir un formato que cumpla con las regulaciones locales y sectoriales.
- Interoperabilidad: Considerar la compatibilidad con los sistemas de los socios comerciales y las plataformas de intercambio electrónico.
- Facilidad de Uso: Evaluar la facilidad de implementación, la disponibilidad de herramientas de software y el soporte comunitario o de proveedores.

La elección del formato adecuado para las facturas electrónicas depende de varios factores, incluyendo los requisitos legales del país o región, las prácticas del sector, la infraestructura tecnológica existente y las preferencias de los socios comerciales. Es crucial seleccionar un formato que no solo cumpla con las necesidades actuales, sino que también sea escalable y sostenible a largo plazo.

3. Escenarios de emisión y recepción de facturas telemáticas

La emisión y recepción de facturas telemáticas, o facturas electrónicas, pueden darse en diversos contextos y escenarios, dependiendo de las necesidades operativas, los requisitos legales y las capacidades tecnológicas de las partes involucradas. Estos escenarios reflejan la versatilidad y adaptabilidad de la facturación electrónica para facilitar las transacciones comerciales en una amplia gama de situaciones. A continuación, se describen algunos de los escenarios más comunes:

1. B2B (Business to Business)
    - ⇨ Descripción: En este escenario, tanto el emisor como el receptor de la factura son empresas. Es uno de los contextos más comunes para la facturación electrónica.
    - ⇨ Características: La integración de sistemas es clave, ya que las empresas suelen intercambiar grandes volúmenes de facturas y requieren una automatización eficiente para la gestión de documentos y procesos contables.
2. B2G (Business to Government)

- ⇨ Descripción: Aquí, las empresas emiten facturas electrónicas a entidades gubernamentales o públicas.
- ⇨ Características: Este escenario a menudo requiere el cumplimiento de estándares y formatos específicos dictados por las entidades gubernamentales, y puede incluir la participación en plataformas de contratación pública electrónica.

3. B2C (Business to Consumer)

- ⇨ Descripción: Las empresas emiten facturas electrónicas directamente a los consumidores finales.
- ⇨ Características: La simplicidad y la accesibilidad son fundamentales, ya que los consumidores pueden no tener sistemas avanzados para gestionar facturas electrónicas. Las facturas pueden ser entregadas a través de correo electrónico o accesibles mediante portales web.

4. C2B (Consumer to Business)

- ⇨ Descripción: Los consumidores emiten facturas electrónicas a empresas, típicamente en contextos de reembolso o devolución.
- ⇨ Características: Aunque menos común, este escenario facilita procesos como las devoluciones de compra o los reembolsos de gastos, permitiendo a los consumidores generar facturas por servicios o productos proporcionados a empresas.

5. G2B (Government to Business)

- ⇨ Descripción: Entidades gubernamentales emiten facturas electrónicas a empresas, generalmente por servicios prestados o tasas administrativas.
- ⇨ Características: Similar a B2G, pero en dirección inversa, este escenario puede implicar el pago de licencias, impuestos o servicios gubernamentales a través de facturas electrónicas.

6. G2G (Government to Government)

- ⇨ Descripción: Transacciones entre diferentes entidades o niveles del gobierno.

⇨ Características: Este escenario implica a menudo sistemas altamente integrados y el cumplimiento de estándares intergubernamentales para la gestión eficiente de fondos y servicios públicos.

7. Internacional

⇨ Descripción: Implica la emisión y recepción de facturas electrónicas en transacciones internacionales entre países.

⇨ Características: Requiere la consideración de las normativas y estándares internacionales, así como la adaptación a los requisitos legales y fiscales de los países involucrados.

8. Plataformas de Intermediación

⇨ Descripción: Utilización de plataformas tercerizadas para facilitar la emisión, recepción y gestión de facturas electrónicas entre diferentes partes.

⇨ Características: Estas plataformas actúan como intermediarios, proporcionando compatibilidad y servicios añadidos como la conversión de formatos, la verificación de firmas digitales y la integración con sistemas contables.

Cada uno de estos escenarios plantea sus propios desafíos y oportunidades, desde la necesidad de interoperabilidad y cumplimiento normativo hasta la importancia de la usabilidad y el acceso para los usuarios no especializados. La flexibilidad y adaptabilidad de las soluciones de facturación electrónica son clave para satisfacer las diversas necesidades de estos diferentes contextos.

Resumen

La sección 8 del contenido aborda los distintos aspectos de la facturación electrónica, incluyendo los tipos de facturas, los formatos de factura electrónica y los escenarios de emisión y recepción de facturas telemáticas.

8.1 Tipos de Facturas

Se describen varios tipos de facturas utilizadas en las transacciones comerciales, adaptadas al formato digital en la facturación electrónica. Entre ellas se encuentran la factura ordinaria, utilizada en la mayoría de las transacciones; la factura proforma, que simula una factura real sin valor fiscal; la factura rectificativa, para corregir errores; la factura simplificada, con menos requisitos; la factura de anticipo, para pagos previos a la entrega; la factura electrónica, que es la versión digital de las facturas tradicionales; la factura recurrente, para pagos periódicos; y la factura de crédito, para transacciones que implican financiación.

8.2 Formatos de Factura

Se explican los formatos estándar de factura electrónica, que estructuran y presentan los datos para facilitar su procesamiento automático y cumplimiento fiscal. Algunos de los formatos más comunes incluyen Facturae, utilizado en España; UBL, un estándar internacional; EDIFACT, para intercambio electrónico de datos; PDF/A, para almacenamiento a largo plazo; ANSI X12, usado en Estados Unidos; ZUGFeRD/Factur-X, un formato híbrido popular en Alemania y Francia; y PEPPOL BIS, para la contratación pública en Europa.

8.3 Escenarios de Emisión y Recepción de Facturas Telemáticas

Se describen diversos contextos en los que se emiten y reciben facturas electrónicas, reflejando su versatilidad y adaptabilidad. Los escenarios incluyen transacciones B2B, B2G, B2C, C2B, G2B, G2G, internacionales y aquellos que involucran plataformas de intermediación. Cada escenario tiene características únicas, desde la integración de sistemas y el cumplimiento de estándares específicos hasta la facilitación de transacciones internacionales y el uso de plataformas tercerizadas para la gestión de facturas.

La sección 8 proporciona una visión integral de la facturación electrónica, destacando la diversidad de tipos y formatos de facturas disponibles, así como los múltiples escenarios en los que se aplican, lo que demuestra la importancia y complejidad de esta área en el contexto digital actual.

ICB
EDITORES

UNIDAD

3.3. El Formato EDI (Intercambio Electrónico de Datos)

Contenido de la Unidad

ICB
EDITORES

1. Redes de valor añadido (EDI)

Las Redes de Valor Añadido (VANs, por sus siglas en inglés) en el contexto del Intercambio Electrónico de Datos (EDI) son plataformas de comunicación especializadas que facilitan la transmisión segura y eficiente de documentos comerciales, incluyendo facturas electrónicas, entre empresas. Estas redes juegan un papel crucial en la implementación de soluciones EDI, proporcionando no solo la infraestructura de transmisión de datos sino también una gama de servicios que agregan valor al proceso de intercambio de información.

Características Principales

- Seguridad: Las VANs ofrecen protocolos de seguridad robustos para garantizar la privacidad, la integridad y la autenticidad de los datos transmitidos, protegiendo la información comercial sensible.
- Interoperabilidad: Facilitan la comunicación entre diferentes sistemas informáticos, permitiendo a las empresas con diferentes plataformas tecnológicas intercambiar datos de manera eficiente.
- Fiabilidad: Proporcionan una transmisión de datos confiable, con mecanismos para la gestión de errores y la confirmación de recepción, asegurando que los documentos lleguen a su destino.
- Almacenamiento y Archivo: Muchas VANs ofrecen servicios de almacenamiento de datos, permitiendo a las empresas acceder a un historial de transacciones y cumplir con requisitos legales y fiscales para la conservación de documentos.

Servicios de Valor Añadido

- Traducción de Datos: Convierten los documentos de un formato a otro, facilitando la compatibilidad entre diferentes estándares EDI y formatos de documentos utilizados por las empresas participantes.
- Integración de Aplicaciones: Permiten la integración directa de los datos EDI con los sistemas internos de las empresas, como ERP (Planificación de Recursos Empresariales), sistemas de contabilidad y gestión de

inventarios.

- Gestión de Transacciones: Incluyen herramientas para el seguimiento, la auditoría y la gestión de transacciones, mejorando la visibilidad y el control sobre el flujo de documentos comerciales.
- Servicios de Consultoría y Soporte: Proporcionan asistencia técnica, soporte en la implementación de EDI y asesoramiento estratégico para optimizar la cadena de suministro y las operaciones comerciales.

Implementación y Uso

La implementación de VANs para EDI requiere una cuidadosa planificación y coordinación entre las partes implicadas. Las empresas deben evaluar sus necesidades específicas, seleccionar un proveedor de VAN que ofrezca los servicios y la cobertura geográfica adecuados y asegurarse de que se cumplan los requisitos de seguridad y cumplimiento. Aunque la implementación puede llevar tiempo y recursos, los beneficios en términos de eficiencia operativa, reducción de errores y mejora en la gestión de la cadena de suministro pueden ser significativos.

Consideraciones

A pesar de sus ventajas, el uso de VANs puede implicar costos recurrentes por suscripción o por transacción, lo que las empresas deben considerar al evaluar el retorno de la inversión. Además, con la evolución de las tecnologías de Internet y las soluciones de nube, algunas empresas están explorando alternativas a las VANs tradicionales, como las redes basadas en Internet y los servicios de intercambio de datos en la nube, que pueden ofrecer mayor flexibilidad y costos reducidos.

2. Entornos web centralizados

Los entornos web centralizados para la gestión de facturas electrónicas se refieren a plataformas en línea que actúan como intermediarios entre emisores y receptores, facilitando la creación, el envío, la recepción y el almacenamiento de facturas de manera digital. Estas plataformas proporcionan un punto de acceso unificado para las partes involucradas en la facturación, ofreciendo una variedad de herramientas y servicios para simplificar y automatizar el proceso de facturación electrónica.

Características Principales

- Accesibilidad: Estos entornos son accesibles desde cualquier lugar y en cualquier momento, requiriendo solo una conexión a Internet y un navegador web, lo que facilita la gestión de facturas para usuarios remotos o en movilidad.
- Interfaz de Usuario Amigable: Las plataformas están diseñadas para ser intuitivas y fáciles de usar, minimizando la curva de aprendizaje y permitiendo a los usuarios gestionar facturas sin necesidad de conocimientos técnicos avanzados.
- Integración: Muchos entornos web ofrecen opciones de integración con sistemas de contabilidad y ERP existentes, permitiendo la sincronización automática de datos y la automatización de procesos contables.
- Cumplimiento Regulatorio: Están actualizados con las regulaciones locales e internacionales, asegurando que las facturas emitidas y recibidas cumplan con los requisitos legales y fiscales.

Servicios Ofrecidos

- Generación de Facturas: Permiten crear facturas electrónicas siguiendo los formatos estándar requeridos, utilizando plantillas personalizables que se adaptan a las necesidades de cada empresa.
- Envío y Recepción: Facilitan el intercambio electrónico de facturas entre emisores y receptores, utilizando correo electrónico, descargas directas o a través de la propia plataforma.

- Almacenamiento Seguro: Ofrecen soluciones de almacenamiento en la nube para guardar las facturas electrónicas de manera segura, cumpliendo con los requisitos de retención legal.
- Gestión de Pagos: Algunas plataformas integran funcionalidades para la gestión de pagos, permitiendo a los usuarios realizar y recibir pagos directamente desde la plataforma.

Beneficios

- Eficiencia Operativa: La centralización y automatización de la facturación reduce el tiempo y los recursos necesarios para gestionar facturas, mejorando la eficiencia operativa.
- Reducción de Errores: La estandarización de procesos y la eliminación del manejo manual de documentos disminuyen la probabilidad de errores en la facturación.
- Mejora en el Flujo de Caja: La facturación electrónica acelera el proceso de emisión y recepción de facturas, lo que puede contribuir a un ciclo de cobro más rápido.

Consideraciones

Al seleccionar un entorno web centralizado para la gestión de facturas electrónicas, las empresas deben considerar aspectos como la seguridad de los datos, la escalabilidad de la plataforma, la compatibilidad con sistemas existentes y el costo del servicio. Además, es importante evaluar el soporte y la asistencia técnica ofrecidos por el proveedor para asegurar una transición y operación sin problemas.

Los entornos web centralizados representan una solución práctica y eficiente para empresas de todos los tamaños, especialmente para aquellas que buscan simplificar sus procesos de facturación sin realizar grandes inversiones en infraestructura de TI.

3. ERP to ERP

La comunicación "ERP to ERP" se refiere al intercambio directo de información entre los sistemas de planificación de recursos empresariales (ERP) de diferentes organizaciones. Este enfoque permite la transmisión automatizada de documentos comerciales, incluidas las facturas electrónicas, desde el sistema ERP de un emisor directamente al sistema ERP de un receptor, facilitando una integración profunda de los flujos de trabajo y los procesos de negocio entre las partes.

Características Principales

- Automatización: La conexión ERP to ERP automatiza el intercambio de datos, eliminando la necesidad de intervención manual en el proceso de facturación y otros procesos empresariales.
- Integración Profunda: Permite una integración profunda entre las operaciones de negocio de las empresas, ya que los sistemas ERP gestionan no solo la facturación, sino también otras funciones empresariales como inventario, compras, ventas, contabilidad y recursos humanos.
- Flujo de Información en Tiempo Real: Facilita el intercambio de información en tiempo real, mejorando la precisión de los datos y permitiendo una toma de decisiones más ágil y basada en información actualizada.
- Seguridad y Conformidad: Los sistemas ERP suelen incluir mecanismos avanzados de seguridad y cumplimiento para proteger los datos y asegurar que el intercambio de información cumpla con las regulaciones aplicables.

Implementación

- Interoperabilidad: Requiere que ambos sistemas ERP sean capaces de comunicarse entre sí, lo que puede implicar el uso de estándares de intercambio de datos como EDI, UBL o formatos personalizados.
- Configuración y Personalización: Puede ser necesario realizar una configuración y personalización significativas para establecer la conexión y asegurar que los datos se mapeen correctamente entre los sistemas.
- Conectividad: La conexión puede establecerse a través de Internet, redes privadas virtuales (VPN) o mediante el uso de intermediarios como las redes de valor añadido (VAN).

Ventajas

- Eficiencia y Reducción de Errores: La automatización y la integración de procesos reducen los errores humanos y aumentan la eficiencia operativa.
- Visibilidad Mejorada: La integración ERP to ERP proporciona una visibilidad completa de las transacciones entre empresas, facilitando una mejor gestión de la cadena de suministro y las relaciones con los clientes y proveedores.
- Respuesta Rápida: La capacidad de intercambiar información en tiempo real permite a las empresas responder rápidamente a las condiciones cambiantes del mercado y a las demandas de los clientes.

Desafíos

- Complejidad Técnica: Establecer una integración ERP to ERP puede ser técnica y logísticamente complejo, requiriendo recursos especializados para su implementación y mantenimiento.
- Costos: La personalización, configuración y mantenimiento de la integración pueden implicar costos significativos.
- Compatibilidad: La falta de estándares universales para la integración ERP puede plantear desafíos de compatibilidad entre diferentes sistemas.

La integración ERP to ERP es una solución poderosa para el intercambio de facturas electrónicas y otros documentos comerciales entre empresas, especialmente adecuada para relaciones de negocio a largo plazo con un alto volumen de transacciones. Sin embargo, las empresas deben sopesar cuidadosamente los beneficios frente a la complejidad y el costo de implementación.

4. DIGITALIZACIONES CERTIFICADAS Ó CONSERVACIÓN POR MEDIOS ELECTRÓNICOS DE FACTURAS RECIBIDAS EN PAPEL

La digitalización certificada de facturas y la conservación por medios electrónicos de documentos recibidos en papel son prácticas que permiten a las empresas transformar y almacenar documentos físicos en formato digital de manera que estos adquieran validez legal y sean aceptados para propósitos de auditoría y cumplimiento fiscal. Este proceso no solo facilita la gestión y el almacenamiento de documentos, sino que también apoya las iniciativas de sostenibilidad al reducir la dependencia del papel.

Digitalización Certificada

- Proceso: Involucra la conversión de documentos en papel a formato digital utilizando tecnologías que aseguran la integridad, autenticidad y legibilidad a lo largo del tiempo. Este proceso debe cumplir con los estándares y regulaciones establecidos por las autoridades competentes.
- Certificación: En muchos casos, la ley requiere que la digitalización sea realizada o certificada por un proveedor de servicios que garantice el cumplimiento de los requisitos técnicos y legales, incluyendo aspectos como la resolución, el formato de archivo y las medidas de seguridad.

Conservación Electrónica

- Almacenamiento Seguro: Una vez digitalizadas, las facturas deben almacenarse en sistemas electrónicos que garanticen su conservación segura, permitiendo el acceso y la recuperación de la información cuando sea necesario.
- Gestión de Metadatos: Es importante asociar metadatos relevantes con cada documento digitalizado, como la fecha de digitalización, el tipo de documento y cualquier información necesaria para su identificación y gestión.
- Control de Accesos: Los sistemas de almacenamiento deben incluir controles de acceso para proteger la confidencialidad de la información y asegurar que solo las personas autorizadas puedan acceder a los

documentos.

Ventajas

- Optimización de Espacio y Costos: La digitalización y conservación electrónica reducen la necesidad de espacio físico para el almacenamiento de archivos y disminuyen los costos asociados con el manejo y almacenamiento de papel.
- Acceso y Recuperación Eficientes: Facilita el acceso rápido y la recuperación de documentos, mejorando la eficiencia operativa y la capacidad de respuesta en auditorías y consultas fiscales.
- Contribución a la Sostenibilidad: Apoya las políticas de sostenibilidad al reducir el consumo de papel y la huella ambiental de la empresa.

Consideraciones Legales y Prácticas

- Cumplimiento Normativo: Es crucial asegurarse de que el proceso de digitalización y los sistemas de almacenamiento electrónico cumplan con las regulaciones locales e internacionales aplicables a la conservación de documentos comerciales.
- Plan de Contingencia: Las empresas deben implementar planes de contingencia y recuperación ante desastres para proteger los documentos electrónicos contra pérdidas accidentales o daños.
- Periodos de Retención: Deben respetarse los periodos de retención legal para los diferentes tipos de documentos, asegurando que la información esté disponible durante el tiempo requerido por la ley.

La digitalización certificada y la conservación electrónica de facturas ofrecen una solución eficaz para la gestión de documentos en la era digital, pero requieren una implementación cuidadosa y un seguimiento continuo para asegurar la conformidad con las obligaciones legales y fiscales.

5. Ejemplos de facturas electrónicas

5.1. Factura XML "factura-e"

La factura XML "Facturae" es el formato estándar para facturas electrónicas en España, aunque el concepto de factura XML se extiende también a otros países con sus propias especificaciones. Una factura XML es básicamente una factura electrónica codificada en un formato XML (eXtensible Markup Language), diseñado para permitir el intercambio de datos estructurados a través de Internet o entre diferentes sistemas informáticos. En el caso de "Facturae" en España, este formato está adaptado para cumplir con los requisitos legales y fiscales españoles.

Estructura Básica de una Factura XML "Facturae"

Una factura XML típica incluye varios componentes clave para asegurar que contiene toda la información necesaria para ser considerada una factura válida a efectos legales y fiscales. A continuación, se detallan algunos de los elementos principales que se encuentran en una factura XML "Facturae":

1. Cabecera
2. Cuerpo de la Factura
   - ⇨ Líneas de factura: Detalle de los productos o servicios facturados, incluyendo descripción, cantidad, precio unitario y total, tasas de impuestos aplicables, etc.
   - ⇨ Totales: Suma de todas las líneas de factura, incluyendo subtotales, bases imponibles, cuotas de impuestos (como el IVA), y el total final de la factura.
3. Información Fiscal
   - ⇨ Impuestos: Detalles de los diferentes tipos de impuestos aplicados, como el IVA, incluyendo la base imponible y la cuota tributaria.
   - ⇨ Retenciones: Información sobre retenciones fiscales, si aplican.
4. Datos Adicionales
   - ⇨ Métodos de pago: Detalles sobre cómo se realizará el pago, incluyendo plazos y condiciones.
   - ⇨ Información adicional: Cualquier otra información relevante que el

emisor necesite incluir, como referencias a pedidos o contratos.

5. Firma Digital

Certificado digital: Utilizado para firmar digitalmente la factura, garantizando la autenticidad del emisor y la integridad de los datos de la factura.

5.2. Add-in en Office

Un "add-in" en Office para facturas electrónicas es una aplicación o complemento que se integra con los programas de Microsoft Office, como Excel o Word, para facilitar la creación, gestión y envío de facturas electrónicas directamente desde estas aplicaciones. Estos complementos están diseñados para mejorar la funcionalidad estándar de Office, proporcionando herramientas específicas que permiten a los usuarios generar facturas que cumplen con los requisitos legales y fiscales para la facturación electrónica, sin necesidad de salir del entorno de Office.

Características Principales de un Add-in de Office para Facturas Electrónicas

Integración con Office

- Se integra de manera fluida con las aplicaciones de Office, permitiendo a los usuarios trabajar en un entorno familiar.
- Facilita la creación de facturas utilizando plantillas personalizables en Word o Excel.

Generación de Facturas

- Permite a los usuarios llenar los campos necesarios para completar una factura, como datos del emisor y receptor, descripción de los servicios o productos, precios, impuestos, etc.
- Algunos add-ins pueden convertir automáticamente los documentos de Word o las hojas de cálculo de Excel en formatos de factura electrónica estándar, como XML o PDF/A.

Cumplimiento Legal

- Diseñado para cumplir con los requisitos legales y fiscales específicos de diferentes jurisdicciones, asegurando que las facturas generadas sean válidas para propósitos fiscales.

- Puede incluir características para la firma digital de documentos, un requisito clave para muchas formas de facturación electrónica.

Conectividad

- Capacidad para enviar facturas electrónicas directamente desde Office a los clientes, ya sea por correo electrónico o a través de plataformas de facturación electrónica.
- Algunos add-ins pueden integrarse con sistemas de gestión empresarial (ERP) o contabilidad para sincronizar los datos de facturación.

Beneficios de Usar un Add-in de Office para Facturas Electrónicas

- Eficiencia Mejorada: Automatiza y simplifica el proceso de creación de facturas, reduciendo el tiempo y el esfuerzo requeridos.
- Reducción de Errores: La estandarización de plantillas y la automatización de cálculos pueden ayudar a minimizar los errores humanos en la facturación.
- Accesibilidad: Permite a los usuarios pequeños y medianos empresarios acceder a soluciones de facturación electrónica sin necesidad de invertir en software especializado costoso.
- Conformidad: Ayuda a las empresas a mantenerse en conformidad con la legislación local e internacional sobre facturación electrónica.

Consideraciones al Elegir un Add-in de Office para Facturas Electrónicas

- Compatibilidad: Asegurarse de que el add-in sea compatible con la versión de Office que se utiliza.
- Seguridad: Verificar las medidas de seguridad que el add-in ofrece para la protección de datos sensibles.
- Soporte y Actualizaciones: Elegir un proveedor que ofrezca soporte técnico adecuado y actualizaciones regulares para cumplir con los cambios en la

legislación.

- Costo: Evaluar el costo del add-in en relación con las características y beneficios que ofrece.

Los add-ins de Office para facturación electrónica representan una solución práctica para muchas empresas, especialmente las pequeñas y medianas, al proporcionar una forma accesible y eficiente de gestionar la facturación electrónica dentro de un entorno de software ya conocido y utilizado ampliamente.

Resumen

El contenido describe el formato EDI (Intercambio Electrónico de Datos), una tecnología crucial para la comunicación empresarial que permite el intercambio de documentos comerciales de forma electrónica y estandarizada entre sistemas informáticos de distintas organizaciones.

9.1 Redes de Valor Añadido (EDI)

Las Redes de Valor Añadido (VANs) son plataformas especializadas que facilitan la transmisión segura de documentos comerciales como facturas electrónicas entre empresas. Estas redes proporcionan servicios de valor añadido como la traducción de datos, la integración con aplicaciones empresariales, la gestión de transacciones y servicios de consultoría, asegurando la seguridad, interoperabilidad y fiabilidad en la transmisión de datos.

9.2 Entornos Web Centralizados

Los entornos web centralizados son plataformas en línea que ofrecen un punto de acceso unificado para la gestión de facturas electrónicas, permitiendo la creación, envío, recepción y almacenamiento de facturas digitalmente. Estas plataformas son accesibles desde cualquier lugar, ofrecen una interfaz de usuario amigable y opciones de integración con sistemas existentes, asegurando el cumplimiento de regulaciones legales y fiscales.

9.3 ERP to ERP

La comunicación "ERP to ERP" refiere al intercambio directo de información entre los sistemas ERP de diferentes organizaciones, automatizando la transmisión de documentos comerciales como facturas electrónicas y permitiendo una integración profunda de procesos de negocio. Este enfoque mejora la eficiencia, reduce errores y proporciona un flujo de información en tiempo real, aunque puede presentar desafíos técnicos y de compatibilidad.

9.4 Digitalizaciones Certificadas y Conservación Electrónica

La digitalización certificada y la conservación electrónica permiten a las empresas convertir y almacenar documentos en papel en formato digital con validez legal. Este proceso facilita la gestión de documentos, apoyando la sostenibilidad y mejorando la eficiencia operativa. Es importante que estos procesos cumplan con las regulaciones aplicables y que los sistemas de almacenamiento aseguren la protección y accesibilidad de los documentos.

9.5 Ejemplos de Facturas Electrónicas

Se mencionan ejemplos de facturas electrónicas, como la factura XML "Facturae" en España, que se ajusta a los requisitos legales y fiscales locales y está estructurada para facilitar el intercambio de datos comerciales. También se destaca el uso de "add-ins" en aplicaciones de Office para generar y gestionar facturas electrónicas directamente desde programas ampliamente utilizados como Excel y Word, ofreciendo una solución accesible para pequeñas y medianas empresas.

El contenido aborda las diversas tecnologías y plataformas que soportan la implementación y gestión de la facturación electrónica y el intercambio de datos comerciales, destacando la importancia de la interoperabilidad, seguridad y cumplimiento normativo en estos procesos

MÓDULO

4. Tecnologías y Conservación

Contenido del Módulo

ICB
EDITORES

UNIDAD

4.1. Las Aplicaciones Informáticas Habituales

Contenido de la Unidad

- Plataformas de facturación electrónica
- Resumen

ICB
EDITORES

1. Plataformas de facturación electrónica

Las plataformas de facturación electrónica son aplicaciones de software basadas en la web o de escritorio que permiten a las empresas generar, enviar, recibir y gestionar facturas electrónicas de manera eficiente y segura.

Estas plataformas están diseñadas para automatizar el proceso de facturación, reducir errores, y asegurar el cumplimiento de las regulaciones fiscales y legales pertinentes.

Características Principales de las Plataformas de Facturación Electrónica

1. Generación y Personalización de Facturas
   - ⇨ Permiten crear facturas electrónicas utilizando plantillas personalizables que se pueden adaptar a la marca y los requisitos específicos de cada empresa.
   - ⇨ Facilitan la inclusión de todos los elementos necesarios, como datos del emisor y receptor, descripción de productos o servicios, precios, impuestos, descuentos y el total.
2. Envío y Recepción Automatizados
   - ⇨ Posibilitan el envío y recepción de facturas electrónicas directamente a través de la plataforma, utilizando correo electrónico o conexiones directas con sistemas de los clientes o proveedores.
   - ⇨ Algunas plataformas se integran con sistemas de gestión de relaciones con clientes (CRM) o planificación de recursos empresariales (ERP) para una mayor automatización.
3. Cumplimiento Normativo
   - ⇨ Aseguran que las facturas generadas cumplan con las regulaciones locales e internacionales, incluyendo requisitos de formato, firma digital y archivado.

- ⇨ Mantienen actualizaciones regulares para adaptarse a los cambios en la legislación fiscal y de facturación electrónica.

4. Gestión de Cobros y Pagos

- ⇨ Algunas plataformas incluyen funcionalidades para gestionar cobros, emitir recordatorios de pago y conciliar pagos recibidos.
- ⇨ Pueden integrarse con sistemas de pago en línea para facilitar el pago rápido y seguro de facturas por parte de los clientes.

5. Archivo y Acceso a Historial

- ⇨ Ofrecen soluciones de almacenamiento seguro para las facturas electrónicas, permitiendo a las empresas cumplir con los requisitos de retención de documentos.
- ⇨ Permiten un fácil acceso al historial de facturación para referencia, auditoría y análisis financiero.

6. Seguridad y Privacidad de Datos

- ⇨ Implementan medidas de seguridad robustas para proteger la información sensible y garantizar la privacidad de los datos de facturación.

Ventajas de Utilizar Plataformas de Facturación Electrónica

- ♦ Eficiencia Operativa: Automatización de procesos de facturación y reducción del tiempo y esfuerzo necesarios para gestionar facturas.
- ♦ Reducción de Costos: Menor uso de papel y reducción de costos asociados con la impresión, envío y almacenamiento de facturas físicas.
- ♦ Mejora en el Flujo de Caja: Ciclos de cobro más rápidos gracias a la entrega inmediata de facturas y la facilitación de pagos en línea.
- ♦ Conformidad Regulatoria: Cumplimiento asegurado con las regulaciones fiscales y legales, minimizando riesgos de sanciones o multas.
- ♦ Accesibilidad: Acceso a la información de facturación desde cualquier lugar, facilitando el trabajo remoto y la movilidad empresarial.

Consideraciones al Elegir una Plataforma de Facturación Electrónica

- Facilidad de Uso: La plataforma debe ser intuitiva y fácil de usar para minimizar la curva de aprendizaje.
- Integración: Capacidad de integrarse con otros sistemas empresariales para una gestión eficiente de los procesos de negocio.
- Escalabilidad: La solución debe ser capaz de adaptarse al crecimiento y los cambios en las necesidades de la empresa.
- Soporte y Servicio al Cliente: Acceso a soporte técnico confiable y asistencia para resolver cualquier problema o duda.

Las plataformas de facturación electrónica son esenciales para las empresas modernas, proporcionando una solución integral para gestionar de manera eficaz la facturación y el cumplimiento fiscal en la era digital.

Resumen

Las plataformas de facturación electrónica son herramientas esenciales que permiten a las empresas automatizar y gestionar el proceso de facturación de manera eficiente y segura. Estas aplicaciones, disponibles tanto en versiones web como de escritorio, facilitan la creación, personalización, envío y recepción de facturas electrónicas, asegurando el cumplimiento de las normativas fiscales y legales aplicables.

Las características principales de estas plataformas incluyen la generación y personalización de facturas mediante plantillas adaptadas a las necesidades de cada empresa, el envío y recepción automatizados de facturas, y la gestión de cobros y pagos, lo que permite a las empresas mejorar su flujo de caja y eficiencia operativa. Además, estas plataformas ofrecen soluciones de almacenamiento seguro para las facturas, facilitando el cumplimiento de los requisitos de retención documental y permitiendo un acceso fácil al historial de facturación para auditorías y análisis financieros.

Las ventajas de utilizar plataformas de facturación electrónica incluyen una mayor eficiencia operativa, la reducción de costos asociados con el manejo de facturas en papel, una mejora en el flujo de caja debido a ciclos de cobro más rápidos, el cumplimiento de regulaciones fiscales y legales, y una mayor accesibilidad a la información de facturación. Al elegir una plataforma, es importante considerar la facilidad de uso, la capacidad de integración con otros sistemas empresariales, la escalabilidad y el soporte técnico disponible.

En resumen, las plataformas de facturación electrónica representan una solución integral para la gestión de la facturación en la era digital, ofreciendo beneficios significativos en términos de eficiencia, costos, cumplimiento y accesibilidad.

UNIDAD

4.2. Conservación de Facturas Electrónicas

Contenido de la Unidad

ICB
EDITORES

1. PRINCIPIOS BÁSICOS DE LA CONSERVACIÓN DIGITAL

Conceptos clave en la preservación digital aplicados a facturas electrónicas.

La preservación digital se refiere al conjunto de políticas, estrategias y acciones para garantizar el acceso a largo plazo a la información y recursos digitales. En el contexto de las facturas electrónicas, implica mantener la legibilidad y accesibilidad de los documentos a lo largo del tiempo, independientemente de los cambios en la tecnología.

Autenticidad e Integridad:

Autenticidad: Se debe verificar que la factura electrónica sea lo que afirma ser, es decir, que proviene de la fuente declarada y no ha sido suplantada o alterada por terceros. Esto se logra a menudo mediante certificados digitales y firmas electrónicas, que vinculan de manera única una factura a su emisor.

Integridad: La factura no debe haber sido alterada de ninguna manera desde su creación, excepto de una forma permitida y registrada. Las tecnologías como las firmas digitales y los sellos de tiempo ayudan a asegurar la integridad de las facturas electrónicas.

Accesibilidad y Legibilidad a Largo Plazo:

La información debe permanecer accesible y legible para todas las partes autorizadas, independientemente de los avances tecnológicos o los cambios en los formatos de archivo. Esto puede implicar la conversión periódica de datos a nuevos formatos más actuales o la mantención de sistemas capaces de leer formatos antiguos.

Metadatos:

Los metadatos son datos que describen el contexto, contenido y estructura de los documentos electrónicos y su gestión a lo largo del tiempo. En las facturas electrónicas, los metadatos pueden incluir información sobre el emisor, el receptor, la fecha de emisión, entre otros. Los metadatos son cruciales para la gestión, recuperación y conservación efectiva de documentos digitales.

Respaldo y Recuperación:

Es esencial tener sistemas robustos para el respaldo y la recuperación de facturas electrónicas para prevenir la pérdida de datos debido a fallas técnicas, desastres naturales o ciberataques. Esto incluye mantener copias de seguridad en ubicaciones geográficamente dispersas y realizar pruebas periódicas de recuperación de datos.

Al aplicar estos conceptos clave en la preservación digital a las facturas electrónicas, las organizaciones pueden asegurar que estos documentos importantes se mantengan seguros, accesibles y válidos a lo largo del tiempo, cumpliendo con los requisitos legales y operativos.

Importancia de la integridad y autenticidad en el archivo digital.

La integridad y autenticidad son pilares fundamentales en la conservación de archivos digitales, especialmente en documentos de importancia legal y financiera como las facturas electrónicas. Estos conceptos no solo garantizan la fiabilidad y seguridad de la información contenida en los documentos digitales, sino que también aseguran su validez ante procesos legales, auditorías y otras evaluaciones críticas.

Integridad en el Archivo Digital

La integridad se refiere a la condición de un archivo digital de permanecer completo y sin alteraciones desde el momento de su creación o emisión hasta el final de su ciclo de vida. En el contexto de las facturas electrónicas, la integridad asegura que los datos contenidos en el documento, como la cantidad facturada, la descripción de los servicios o productos, y la información del emisor y receptor, permanezcan exactamente como fueron emitidos originalmente, sin modificaciones no autorizadas.

Técnicas para Asegurar la Integridad:

Uso de firmas digitales: Este método criptográfico vincula de manera segura un documento a su creador, proporcionando una prueba matemática de que no ha habido alteraciones desde su firma.

Implementación de sellos de tiempo: Añaden una capa adicional de verificación, indicando el momento exacto en que se creó o modificó el documento, lo que ayuda a establecer un orden cronológico y a detectar alteraciones.

Autenticidad en el Archivo Digital

La autenticidad, por otro lado, se refiere a la garantía de que un documento digital es genuino, es decir, que realmente proviene de la fuente que se alega ser y que su contenido es fiable. En el caso de las facturas electrónicas, la autenticidad verifica que el documento haya sido emitido por la entidad que afirma haberlo hecho y que la información que contiene es veraz y ha sido aprobada por ambas partes implicadas.

Métodos para Verificar la Autenticidad:

Certificados digitales: Emitidos por una Autoridad de Certificación (CA), estos certificados vinculan una clave pública con la identidad de su titular, confirmando la autenticidad del emisor de la factura.

Cadenas de custodia digitales: Registran el historial de manejo del documento, incluyendo quién lo ha creado, almacenado, o modificado, proporcionando un registro transparente de su gestión.

La integridad y autenticidad son fundamentales para mantener la confianza en los procesos empresariales y las transacciones electrónicas. Sin estas garantías, las facturas electrónicas podrían ser susceptibles a disputas legales, fraude, o pérdida de reputación empresarial. Asegurar estos aspectos no solo es una cuestión de cumplimiento normativo, sino también una práctica esencial para la gestión de riesgos y la protección de la integridad financiera y operativa de las organizaciones.

2. Tecnologías y Herramientas para la Conservación

Descripción de las tecnologías actuales utilizadas en la conservación de documentos electrónicos (firmas digitales, blockchain, etc.).

En la conservación de documentos electrónicos, especialmente las facturas electrónicas, se emplean diversas tecnologías y herramientas avanzadas para asegurar su integridad, autenticidad y accesibilidad a largo plazo. Estas tecnologías proporcionan los medios para gestionar eficazmente los documentos digitales a lo largo de su ciclo de vida, desde la emisión hasta la conservación a largo plazo. A continuación, se detallan algunas de las tecnologías más relevantes en este ámbito:

1. Firmas Digitales

   Las firmas digitales son una de las tecnologías fundamentales en la conservación de documentos electrónicos. Utilizan criptografía asimétrica para asegurar la integridad y autenticidad de un documento. Al firmar un documento digitalmente, se crea un resumen criptográfico del contenido del documento, que luego se cifra con la clave privada del firmante. Cualquier cambio en el documento después de firmado alteraría el resumen, haciendo evidente la manipulación.

   Beneficios:

   Proporcionan una evidencia irrefutable de la identidad del firmante.

   Garantizan que el documento no ha sido alterado desde el momento de su firma.

2. Blockchain y DLT (Tecnología de Registro Distribuido)

   ⇨ La tecnología blockchain y otras formas de DLT ofrecen un enfoque innovador para la conservación de documentos electrónicos. Al almacenar datos en una red descentralizada, blockchain asegura la inmutabilidad y transparencia de los registros.

   ⇨ Aplicaciones en conservación de documentos:

   ⇨ Cada factura electrónica puede ser registrada como una transacción en un blockchain, con su firma digital y sello de tiempo asociados, asegurando la inmutabilidad de los datos.

   ⇨ La descentralización reduce el riesgo de pérdida de datos debido a fallos en un punto centralizado.

3. Almacenamiento en la Nube

El almacenamiento en la nube ofrece soluciones escalables y flexibles para la conservación de documentos electrónicos. Proveedores de servicios en la nube ofrecen robustas medidas de seguridad, respaldo y recuperación de datos, facilitando el acceso remoto y la colaboración.

Ventajas:

Acceso desde cualquier lugar y en cualquier momento, mejorando la eficiencia operativa.

Redundancia de datos y planes de recuperación ante desastres.

4. Sistemas de Gestión Documental (DMS)

Los DMS son plataformas especializadas en la gestión de documentos digitales, incluyendo su almacenamiento, recuperación, seguimiento y conservación. Estos sistemas suelen incorporar características de seguridad avanzadas, control de versiones y flujos de trabajo automatizados.

Funcionalidades clave:

Indexación y clasificación de documentos para una recuperación eficiente.

Integración con otras herramientas empresariales para automatizar procesos.

5. Criptografía y Encriptación

Más allá de las firmas digitales, la criptografía en general juega un papel crucial en la protección de documentos electrónicos. La encriptación de datos asegura que solo las partes autorizadas puedan acceder al contenido de los documentos.

Implementación:

Encriptación de datos en reposo y en tránsito para proteger contra accesos no autorizados.

Uso de protocolos seguros para la transferencia de documentos electrónicos.

La selección y aplicación adecuada de estas tecnologías depende de varios factores, incluyendo los requisitos reglamentarios específicos, la naturaleza de los documentos electrónicos y la infraestructura tecnológica existente de la organización. La implementación efectiva de estas herramientas y tecnologías es fundamental para asegurar la conservación a largo plazo de las facturas electrónicas y otros documentos digitales críticos.

Evaluación de software y plataformas de gestión documental específicas para facturas electrónicas.

La evaluación de software y plataformas de gestión documental (DMS) específicas para la conservación de facturas electrónicas es un proceso crucial para las organizaciones que buscan optimizar la gestión de sus documentos digitales y asegurar el cumplimiento normativo. Al seleccionar una solución, es importante considerar una serie de criterios clave que garanticen la eficacia, seguridad y accesibilidad de los documentos a largo plazo. A continuación, se presentan algunos aspectos fundamentales a tener en cuenta durante la evaluación:

1. Cumplimiento Normativo

   Característica esencial: La plataforma debe cumplir con las normativas locales e internacionales relacionadas con la facturación electrónica y la conservación digital, como el GDPR en Europa, la Ley Sarbanes-Oxley en EE.UU., o las regulaciones específicas de cada país en materia de facturación electrónica.

   Verificación: Buscar certificaciones o declaraciones del proveedor que confirmen la conformidad con las normativas pertinentes.

2. Seguridad y Protección de Datos

   Encriptación: Verificar que el software ofrezca encriptación robusta de los datos, tanto en reposo como en tránsito, para proteger contra el acceso no autorizado.

Control de Acceso: La plataforma debe permitir la configuración de permisos detallados a nivel de usuario y documento, asegurando que solo las personas autorizadas puedan acceder, editar o compartir las facturas electrónicas.

3. Integridad y Autenticidad

   Firmas Digitales y Sellos de Tiempo: La capacidad de integrar firmas digitales y sellos de tiempo para asegurar la integridad y autenticidad de las facturas electrónicas a lo largo del tiempo.

   Auditoría: Un sistema de registro de auditoría completo que rastree todas las acciones realizadas sobre los documentos, incluyendo accesos, modificaciones y eliminaciones.

4. Gestión y Almacenamiento Eficiente

   Automatización: Herramientas para la automatización de procesos de gestión documental, como la captura, indexación y clasificación automática de facturas electrónicas.

   Almacenamiento a Largo Plazo: Soluciones de almacenamiento que garanticen la conservación y recuperación eficiente de documentos durante el período legalmente requerido.

5. Facilidad de Uso y Accesibilidad

   Interfaz Intuitiva: Una interfaz de usuario clara y fácil de navegar que no requiera una curva de aprendizaje pronunciada para los usuarios.

   Acceso Remoto: Capacidad para acceder a las facturas electrónicas y gestionarlas de manera segura desde cualquier lugar, idealmente a través de aplicaciones web o móviles.

6. Integración con Otros Sistemas

   Compatibilidad: La plataforma debería integrarse fácilmente con otros sistemas empresariales, como ERP, CRM, y sistemas de contabilidad, para un flujo de trabajo cohesivo y eficiente.

APIs y Conectores: Disponibilidad de APIs y conectores para facilitar la integración personalizada con el ecosistema de software existente de la organización.

7. Soporte y Mantenimiento

   Soporte Técnico: Un equipo de soporte confiable y accesible para resolver problemas técnicos y consultas.

Actualizaciones y Mantenimiento: Compromiso del proveedor con la actualización continua del software para adaptarse a los cambios tecnológicos y normativos.

Al evaluar software y plataformas de gestión documental para la conservación de facturas electrónicas, es recomendable realizar una prueba piloto o solicitar una demostración para experimentar directamente las funcionalidades y la usabilidad del sistema. Además, consultar reseñas y casos de estudio, o incluso solicitar referencias de clientes actuales, puede proporcionar insights valiosos sobre la eficacia y fiabilidad de la solución en entornos operativos reales.

3. Gestión de Riesgos y Cumplimiento Normativo

Identificación y gestión de riesgos asociados a la conservación de facturas electrónicas (pérdida de datos, obsolescencia tecnológica, ciberataques).

La gestión de riesgos y el cumplimiento normativo son aspectos cruciales en la conservación de facturas electrónicas, dada su importancia para las operaciones comerciales y las obligaciones legales de las organizaciones. Identificar y gestionar los riesgos asociados con la conservación digital ayuda a asegurar la integridad, disponibilidad y confidencialidad de los datos a largo plazo. A continuación, se detallan estrategias clave para abordar estos desafíos:

1. Pérdida de Datos

    - ⇨ Riesgo: La pérdida de datos puede ocurrir debido a fallos del hardware, errores humanos, desastres naturales o fallos en el software.
    - ⇨ Gestión: Implementar una estrategia de respaldo y recuperación robusta es esencial. Esto incluye realizar copias de seguridad regulares de los datos, preferiblemente en ubicaciones geográficamente dispersas y utilizando la regla 3-2-1 (tres copias totales de los datos, en dos medios diferentes, con una copia fuera de sitio).

2. Obsolescencia Tecnológica

    - ⇨ Riesgo: La rápida evolución de la tecnología puede llevar a que los sistemas y formatos de archivo se vuelvan obsoletos, dificultando el acceso a los documentos conservados.
    - ⇨ Gestión: Adoptar políticas de preservación digital que incluyan la migración periódica de datos a formatos y soportes más actuales y estándares abiertos para asegurar su accesibilidad a largo plazo.

3. Ciberataques

    - ⇨ Riesgo: Los ataques cibernéticos, como el ransomware, los virus y el phishing, pueden comprometer la seguridad e integridad de las facturas electrónicas.
    - ⇨ Gestión: Reforzar la seguridad cibernética mediante la implementación de firewalls, sistemas de detección y prevención de intrusiones, software antivirus actualizado y la capacitación de los empleados en buenas prácticas de seguridad.

4. Incumplimiento de Normativas

    - ⇨ Riesgo: El incumplimiento de las regulaciones legales y fiscales relacionadas con la facturación electrónica y la conservación de documentos puede resultar en sanciones, multas y daños a la reputación.
    - ⇨ Gestión: Mantenerse actualizado con las leyes y regulaciones aplicables y asegurar que los sistemas y procesos de gestión

documental cumplan con estos requisitos. La consulta regular con asesores legales y la adopción de estándares de la industria pueden facilitar este cumplimiento.

5. Acceso no Autorizado

   ⇨ Riesgo: El acceso no autorizado a las facturas electrónicas puede llevar a la divulgación de información sensible, fraude o manipulación de datos.

   ⇨ Gestión: Implementar controles de acceso estrictos basados en roles y autenticación multifactor para asegurar que solo el personal autorizado pueda acceder a los documentos electrónicos.

6. Falta de Concienciación y Formación del Personal

   ⇨ Riesgo: Los errores humanos debido a la falta de conocimiento o concienciación sobre las mejores prácticas de gestión documental y seguridad pueden comprometer la conservación de facturas electrónicas.

   ⇨ Gestión: Desarrollar programas de formación y concienciación para el personal sobre la importancia de la seguridad de la información y las prácticas adecuadas de manejo de documentos electrónicos.

Para una gestión eficaz de riesgos y cumplimiento normativo en la conservación de facturas electrónicas, es esencial adoptar un enfoque proactivo y holístico que incluya la evaluación continua de riesgos, la implementación de controles técnicos y organizativos adecuados, y la revisión periódica de las políticas y procedimientos para adaptarse a los cambios en el entorno tecnológico y regulatorio.

Estrategias para asegurar el cumplimiento continuo con las regulaciones nacionales e internacionales.

Asegurar el cumplimiento continuo con las regulaciones nacionales e internacionales en la conservación de facturas electrónicas requiere de estrategias bien definidas y una ejecución meticulosa. Estas estrategias deben ser flexibles para adaptarse a los cambios en las leyes y regulaciones, así como a las evoluciones tecnológicas. A continuación, se presentan algunas estrategias clave:

1. Monitoreo y Actualización Regulatoria Continua

   Implementación: Establecer un proceso sistemático para el monitoreo continuo de cambios en las legislaciones y normativas relevantes, tanto a nivel nacional como internacional.

   Herramientas: Utilizar servicios de suscripción a actualizaciones legales, consultorías especializadas y participación en foros y asociaciones de la industria para mantenerse informado.

2. Auditorías y Revisiones Periódicas

   Implementación: Realizar auditorías internas y externas regularmente para evaluar la conformidad de los procesos de conservación de facturas electrónicas con las regulaciones aplicables.

   Herramientas: Desarrollar listas de verificación basadas en requisitos reglamentarios y utilizar software de auditoría para facilitar el proceso.

3. Formación y Concienciación del Personal

   Implementación: Proporcionar formación continua al personal sobre las obligaciones legales y las mejores prácticas en la gestión y conservación de facturas electrónicas.

   Herramientas: Desarrollar módulos de formación e-learning, talleres y seminarios web, y hacer uso de materiales de formación proporcionados por organismos reguladores o asociaciones profesionales.

4. Adopción de Estándares y Mejores Prácticas de la Industria

   Implementación: Adoptar estándares internacionales (como ISO 27001 para la gestión de la seguridad de la información) y seguir las mejores prácticas establecidas por organizaciones líderes en la industria.

Herramientas: Obtener certificaciones de estándares relevantes y participar en programas de benchmarking de la industria.

5. Integración de la Conformidad en la Tecnología

   Implementación: Seleccionar y configurar sistemas de gestión documental y otras tecnologías de conservación de facturas electrónicas que incorporen funcionalidades de cumplimiento normativo.

   Herramientas: Elegir plataformas que ofrezcan actualizaciones regulares para adaptarse a las nuevas regulaciones y que permitan una configuración detallada de los controles de cumplimiento.

6. Colaboración con Asesores Legales y Expertos en Cumplimiento

   Implementación: Establecer relaciones de trabajo con asesores legales y expertos en cumplimiento para obtener asesoramiento especializado en la interpretación y aplicación de las leyes y regulaciones.

   Herramientas: Contratar servicios de consultoría legal y de cumplimiento o desarrollar un equipo interno especializado.

7. Desarrollo de Políticas y Procedimientos Detallados

   Implementación: Crear y mantener documentación detallada sobre políticas y procedimientos relacionados con la conservación de facturas electrónicas, asegurando que reflejen los requisitos reglamentarios actuales.

   Herramientas: Utilizar sistemas de gestión de documentos para almacenar y distribuir las políticas y procedimientos, asegurando su fácil acceso y actualización.

8. Planificación de Respuesta a Incidentes y Gestión de Crisis

   Implementación: Desarrollar y probar planes de respuesta a incidentes que aborden posibles violaciones de datos o incumplimientos normativos, minimizando el impacto y acelerando la recuperación.

Herramientas: Realizar simulacros de incidentes y utilizar software de gestión de incidentes para coordinar las respuestas.

Implementar estas estrategias requiere un enfoque integrado que involucre a múltiples departamentos dentro de una organización, incluyendo TI, legal, finanzas y operaciones. La clave para el éxito en el cumplimiento continuo es la adaptabilidad y la proactividad, asegurando que la organización pueda responder rápidamente a los cambios en el entorno regulatorio y tecnológico.

Resumen

La conservación de facturas electrónicas implica asegurar su autenticidad, integridad, y accesibilidad a largo plazo, cumpliendo con regulaciones fiscales y legales. Es esencial verificar la autenticidad, para confirmar que la factura proviene de la fuente declarada, y la integridad, para asegurar que no haya sido alterada. Además, se deben mantener accesibles y legibles, lo que puede requerir actualizar formatos para mantenerlos actuales.

Se utilizan varias tecnologías para la conservación de facturas electrónicas, incluyendo:

Firmas digitales: Para verificar la autenticidad e integridad de las facturas.

Blockchain y DLT: Para asegurar la inmutabilidad y la transparencia de los registros.

Almacenamiento en la nube: Ofrece soluciones escalables y seguras para almacenar facturas.

Sistemas de Gestión Documental: Para la gestión eficiente y el almacenamiento de documentos digitales.

Criptografía y encriptación: Para proteger los datos y asegurar la confidencialidad.

La evaluación de software y plataformas para la gestión de facturas electrónicas debe considerar el cumplimiento normativo, la seguridad de los datos, la integridad y autenticidad, la eficiencia en la gestión y almacenamiento, la facilidad de uso, la integración con otros sistemas y el soporte al cliente.

La gestión de riesgos y el cumplimiento normativo son fundamentales para la conservación de facturas electrónicas. Es crucial implementar estrategias para prevenir la pérdida de datos, combatir la obsolescencia tecnológica, protegerse contra ciberataques, asegurar el cumplimiento de normativas, prevenir el acceso no autorizado y capacitar al personal en buenas prácticas de seguridad.

Las estrategias para asegurar el cumplimiento continuo con regulaciones incluyen el monitoreo constante de cambios legales, realizar auditorías periódicas, capacitar al personal, adoptar estándares y mejores prácticas, integrar la conformidad en la tecnología, colaborar con asesores legales y expertos, desarrollar políticas detalladas y planificar la respuesta ante incidentes.

La conservación de facturas electrónicas requiere un enfoque holístico que combine tecnología avanzada, prácticas de gestión eficientes, y una estrategia proactiva de cumplimiento normativo y gestión de riesgos.

ICB
EDITORES